David Kaufmann

Gemeindebesteuerung und Massenkonsum in den sieben grössten Städten des rechtsrheinischen Bayern

Inaugural-Dissertation zur Erlangung der Doktorwürde

David Kaufmann

Gemeindebesteuerung und Massenkonsum in den sieben grössten Städten des rechtsrheinischen Bayern
Inaugural-Dissertation zur Erlangung der Doktorwürde

ISBN/EAN: 9783743319851

Hergestellt in Europa, USA, Kanada, Australien, Japan

Cover: Foto ©Suzi / pixelio.de

Manufactured and distributed by brebook publishing software (www.brebook.com)

David Kaufmann

Gemeindebesteuerung und Massenkonsum in den sieben grössten Städten des rechtsrheinischen Bayern

GEMEINDEBESTEUERUNG
UND
MASSENKONSUM
IN DEN SIEBEN GRÖSSTEN STÄDTEN
DES RECHTSRHEINISCHEN BAYERN.

INAUGURAL-DISSERTATION

ZUR

ERLANGUNG DER DOKTORWÜRDE

DER

HOHEN PHILOSOPHISCHEN FAKULTÄT
DER FRIEDRICH-ALEXANDERS-UNIVERSITÄT ERLANGEN

VORGELEGT VON

DAVID KAUFMANN

AUS BAMBERG.

Tag der mündlichen Prüfung: 27. Oktober 1896.

STUTTGART.
DRUCK DER UNION DEUTSCHE VERLAGSGESELLSCHAFT.
1897.

Separatabdruck

aus dem

„*Finanzarchiv*", *herausgegeben von G. Schanz. Jahrg. XIV.*

Meinen lieben Eltern

in dankbarer Verehrung

gewidmet.

Einleitung.

Die bayrische Gemeindebesteuerung ist bisher von der finanzwissenschaftlichen Litteratur nur spärlich berücksichtigt worden. Ihre Geschichte hat zwar durch Tröltsch in seinem Werk „Die bayrische Gemeindebesteuerung seit Anfang des 19. Jahrhunderts mit besonderer Berücksichtigung der indirekten Verbrauchssteuern"[1]) eine eingehende Behandlung erfahren, doch ist dieses Werk noch nicht über den historischen Teil hinausgekommen. Was sonst über das Thema geschrieben worden ist, hat vorwiegend juristische oder rein theoretische Bedeutung. Eine ausführlichere Aufzählung der betreffenden |Erscheinungen gibt Tröltsch in seinem Vorwort.

Nun steht allem Anscheine nach eine Reform der Staatsbesteuerung in Bayern in Aussicht, eine Reform, welche auch die Gemeindebesteuerung berühren müsste. An allgemeinen Klagen über Unzweckmässigkeit und Härten des gegenwärtigen „Systems" fehlt es nicht, man hat aber bis jetzt noch nirgends versucht, auf Grund des so reichlich vorhandenen und von den beteiligten Magistraten mit grosser Zuvorkommenheit zur Verfügung gestellten Materials zu erforschen, ob solche Klagen berechtigt sind oder nicht, ob sie einer süssen Gewohnheit oder einem wirklichen Uebelstand entspringen, ob endlich durch die Gesetzgebung eine Besserung erzielt werden könnte. Eine solche Untersuchung kann nur zum Ziele führen, wenn die Ermittelung der wirtschaftlichen Folgen der Besteuerung in den Vordergrund gerückt wird, und diesen Weg hat der Verfasser gewählt. Ist auch keine der aufgeworfenen Fragen sicher und endgültig beantwortet, so wird dieser Versuch doch vielleicht anderen einen Anstoss geben, der Sache auf den Grund zu gehen, damit dieses lange vernachlässigte Gebiet der Fachwelt des engeren Vaterlandes mehr vor Augen gerückt werde und eine lebendigere Diskussion

---

[1]) I. Teil, Beck, München 1891.

die wünschenswerte Klarheit in der Erkenntnis speziell der bayrischen Verhältnisse schaffe.

Die Beschränkung auf die sieben grössten Städte des rechtsrheinischen Bayern wurde durch die Erwägung veranlasst, dass es angezeigt erschien, nur solche Gemeinden zu behandeln, welche jedes ländlichen Anstriches entbehrten. Es würde sonst die Konsumstatistik noch viel unsicherer als sie ohnehin schon ist [1]). Irgendwo musste eine Grenze gezogen werden, und zwar war es geraten, die Zahl von ca. 40,000 Einwohnern zu Grunde zu legen, einmal weil man hier sicher sein kann, nur Gebiete mit städtischer Wirtschaftsweise vor sich zu haben, dann aber, weil die nächstgrösste Stadt im rechtsrheinischen Bayern (Bayreuth) schon um mehr als 10,000 Einwohner hinter Bamberg zurückbleibt, so dass gewissermassen eine natürliche Grenze existiert.

Die Pfalz blieb unberücksichtigt, da ihre ganze Gemeindeorganisation sowie ihr Wirtschafts- und Steuersystem wesentlich anders als im diesseitigen Bayern gestaltet ist.

Dem Leser, welcher mit der zu behandelnden Materie unbekannt ist, dürfte eine kurze Einführung in die Entwicklung der bayrischen Gemeindebesteuerung willkommen sein.

Da der heutige bayrische Staat erst seit Anfang unseres Jahrhunderts besteht, ist die Geschichte dieser Entwicklung sehr kurz.

In den altbayrischen Gemeinden existierte vor 100 Jahren kein Besteuerungssystem, ja kaum eine Besteuerung, weil man keine Steuern brauchte. Der Aufgaben, die sich damals die Gemeinden stellten, waren es so wenige, dass zur Erreichung der gesteckten Ziele die geringsten Mittel ausreichten. Die Zustände, die damals herrschten, wurden in den 30er Jahren dieses Jahrhunderts amtlich folgendermassen geschildert [2]):

„Bei der niedrigen Stufe, auf welcher noch in der Mitte des vorigen Jahrhunderts das gesellschaftliche Leben in den unteren Kreisen stand, waren die gemeindlichen Bedürfnisse fast allenthalben nur gering. In der Regel genügten die Erträgnisse des den Gemeindegliedern nicht zur Nutzniessung überlassenen Gemeindevermögens. Grössere Gemeinden genossen beträchtliche Einkünfte aus der Jurisdiktion und Polizeiverwaltung; insbesondere erhoben Städte und Märkte sehr bedeutende Aufnahms- und Bürgerrechtsgebühren von Neueintretenden, Nachsteuer und Abschoss von auswandernden Bürgern und Inleuten."

Dagegen brachten die neu einverleibten Reichsstädte schon eine ziemlich entwickelte Gemeindewirtschaft mit. Doch hier war natürlich nicht zu unterscheiden, was die Gemeinden als Staats-, was als Kommunalkörper einnahmen und ausgaben, noch weniger war von System bei der einzelnen, von irgend einer gemeinsamen Uebung bei allen die Rede.

Das Ministerium Montgelas stellte zwischen den heterogenen Elementen — allerdings auf negativem Wege — eine gewisse Gleichheit her, indem es in den Jahren 1807 und 1808, seinem Zug zur Zentralisation folgend, die existie-

---

[1]) Die grosse Gärtnerbevölkerung Bambergs stört in dieser Hinsicht wenig, da sie sich fast nur mit Erzeugung von Produkten beschäftigt, die, weil nicht aufschlagpflichtig, der Statistik unerreichbar sind.

[2]) Tröltsch, Die bayrische Gemeindebesteuerung S. 3.

renden Besteuerungsrechte der Gemeinden fast sämtlich zu Gunsten des Staates aufhob. Doch vermochte man diese Massregel gegenüber dem Drang der Umstände nicht vollständig aufrecht zu erhalten. Nach einigen Jahren des Experimentierens liess man durch Verordnung vom 12. Mai 1815 gemeindliche Verbrauchssteuern auf Fleisch und Getreide allgemein zu, um wenigstens den ärgsten Missständen abzuhelfen. Durch Gesetz vom 22. Juli 1819, die Umlagen für Gemeindebedürfnisse betreffend, wurde für eine Anzahl von Zwecken subsidiär die Einführung von Gemeindeumlagen gestattet.

Auf diesen Rechtsquellen basierte während eines halben Jahrhunderts das Finanzrecht der bayrischen Gemeinden. Es würde zu weit führen, hier auf Inhalt und Folgen dieser Gesetze näher einzugehen. Das durch sie inaugurierte „System" fand die Verurteilung aller Parteien. Wie unzweckmässig es war, mag vielleicht schon die einzige Thatsache illustrieren, dass Mitte der 60er Jahre die Zahl der Gemeindemitglieder einschliesslich ihrer Familien[1]) — die Bürger allein waren zur Umlagenzahlung verpflichtet —
in den Gemeinden mit mehr als 20,000 Seelen 38% der Bevölkerung,
in den Gemeinden von 5000—20,000 Seelen 41—42% der Bevölkerung,
in den Gemeinden von 1500—5000 Seelen 62—64% der Bevölkerung
betrug. Diese Minoritäten hatten aber das Regiment in den einzelnen Kommunen und hüteten sich, Umlagen einzuführen, bevor die Verbrauchsbesteuerung erschöpft war.

Nach vielen Reformvorschlägen kam am 29. April 1869 die Gemeindeordnung für die Landesteile diesseits des Rheins zu stande, auf deren Artikel 39 bis 46 das Finanzrecht der rechtsrheinischen bayrischen Gemeinden beruht.

Dieses Gesetz bezeichnet als primäre Deckungsmittel des Gemeindebedarfs „die Renten des Gemeindevermögens, die für besondere Zwecke vorhandenen Stiftungen, die für die Benützung von Gemeindeanstalten festgesetzten Gebühren und sonstigen Erträgnisse dieser Anstalten, etwaige Zuschüsse des Staates und anderer öffentlicher Kassen, sowie auf besonderen Rechtstiteln beruhende Leistungen Dritter". In zweiter Linie stehen einander ebenbürtig „Gemeindeumlagen, Verbrauchssteuern und sonstige örtliche Abgaben".

Die Praxis wendet diese drei Kategorien nebeneinander an.

Die Verbrauchssteuern sind jedoch beschränkt, einmal nach der Zahl der betroffenen Objekte (Art. 40 Abs. 1) und ferner in ihrer Höhe (Art. 40 Abs. 4 und 5). Dieser Artikel schliesst nämlich diejenigen Gegenstände von der Verbrauchsbesteuerung aus, die durch Gesetz oder Staatsverträge der inländischen Belastung entzogen wurden. Es zielt dies hauptsächlich auf den Zollvereinsvertrag vom 8. Juli 1867, der durch königl. Deklaration vom 16. November 1867 für Bayern wirksam und durch Art. 40 der Reichsverfassung Reichsgesetz geworden ist.

Durch die erwähnten Artikel der Gemeindeordnung mit § 7 des Art. 5 Ziff. 2 des Z.V.V. ist de facto die Verbrauchsbesteuerung in den bayrischen Gemeinden auf folgende Gegenstände beschränkt:

1. Fleisch, Getreide und Mehl nebst den daraus hergestellten Produkten; die Besteuerung dieser Artikel steht jeder Gemeinde ohne weiteres zu. 2. Wein,

---

[1]) Tröltsch S. 97.

Wildbret, Gänse, Obst, Kaffee und Kraut, Haber, Futtermehl, Kochgerste und Hülsenfrüchte. Diese zweite Gruppe bedarf zu ihrer Einführung, Forterhebung nach Ablauf der bewilligten Dauer sowie Erhöhung im einzelnen Fall der Genehmigung des königl. Staatsministeriums des Innern. Zu dieser Gruppe ist als wichtigstes Glied noch der Lokalmalz- und Bieraufschlag zu rechnen.

Die äusserste Höhe des Fleisch-, Getreide- und Mehlaufschlags und die Art der Rückvergütung ist durch Allerh. Verordnung vom 27. November 1875 bestimmt.

Die Einzelheiten dieser Steuern, soweit sie für die grössten Städte in Betracht kommen, werden weiter unten erörtert werden.

Mit dem Ausdruck des Gesetzes „sonstige örtliche Abgaben" ist hauptsächlich der Pflasterzoll gemeint, der im Budget der grösseren Städte eine bedeutende Rolle spielt. Inwiefern er auch als Verbrauchssteuer wirkt, wird später zu betrachten sein. Auch die in Art. 40 Abs. 1 erwähnten „für die Benützung von Gemeindeanstalten festgesetzten Gebühren und sonstige Erträgnisse dieser Anstalten" werden in dieser Richtung näher untersucht werden müssen.

1. Die Besteuerung der Brotfrüchte und der Mühlenprodukte.

Die Gegenstände, deren Belastung in den sieben grössten Städten des rechtsrheinischen Bayern hier geschildert werden soll, sind Getreide, Mehl, Brot, Stärke, Gries aller Art und Kleie. Der Hauptteil der Besteuerung wird in den sieben Städten gleichmässig in Form der Accise erhoben; doch hat nicht jede Stadt jeden „Aufschlag" eingeführt; ebenso zeigen sich beträchtliche Abweichungen in der Höhe der Sätze, so dass es angebracht erscheint, an dieser Stelle die einzelnen Tarife aufzuführen. Die folgende Aufzählung beschränkt sich in der Hauptsache auf den gegenwärtigen Zustand, geht aber, wo es nötig ist, auch auf das verflossene Jahrzehnt zurück.

In der Landeshauptstadt betrug 1881—91 der „Getreideaufschlag" von in München gemahlenem Weizen, Kern, Korn oder Gerste, ferner Mischungen dieser Getreidearten für den Hektoliter 40 Pf. (bis zu je 10 l 4 Pf.), für den Zentner 28 Pf. (für 10 Pfd. 3 Pf.). Bei Einfuhr der Mühlenerzeugnisse betrug der „Mehlaufschlag" für Mehl, Gries und Schrot vom Zentner 35 Pf. (für je 2 Pfd. 1 Pf.), für Rollgerste vom Zentner 80 Pf. (für 1 Pfd. 1 Pf.). Durch § 2 der Getreide- und Mehlaufschlagsvorschriften vom 26. Oktober 1891 wurde der Getreideaufschlag auf 35 bezw. 24,5 Pf. ermässigt, während der Mehlaufschlag gleich blieb. Ausserdem wird ein „Getreidezoll" von 3 Pf. pro Zentner erhoben. Ein Brotaufschlag existiert nicht.

In Nürnberg ist zu entrichten:

Gruppe I.

a) Bei Weizen, Dinkel (gegerbt oder ungegerbt), Kern, Roggen (Korn), Futterweizen, Mais, Stärkmacherweizen, Gerste, Futtergerste, dann Schrot und Mischling vorstehender Getreidearten gleichmässig für 50 kg 64 Pf.

b) Bei Haber, Futterhaber und Haberschrot gleichmässig für 50 kg 27 Pf.

Gruppe II.

a) Bei Mehl und Gries aus den vorstehend unter Gruppe I Lit. a bezeichneten Getreidearten, mag das Erzeugnis wie immer genannt werden, auch für Einstaubmehl, sog. Brot- und Paniermehl u. dergl., dann Stärkmehl oder Kläre gleichmässig für 50 kg 87 Pf.

b) Bei Futtermehl und Kleie aller Art, Habermehl und Mehl aus Wicken, Linsen, Erbsen und anderen Hülsenfrüchten dieser Gattung gleichmässig für 50 kg 20 Pf.

Gruppe III.

Bei Heidel (gemahlener Buchweizen), Blick, Buchweizen oder Heidekorn, Heidegrütze, Roll- oder Kochgerste, Grün- und Haberkorn, Habergrütze, Wicken, Hanf, Linsen, Erbsen, Hirse aller Art, gleichmässig für 50 kg 25 Pf.

Gruppe IV.

Bei Brot aller Art bis zum Gewicht von 71 Pfd. für das Pfund 1 Pf., von 72—99 Pfd., dann von jedem einzelnen Zentner 71 Pf.

In Augsburg bezahlt man 46 Pf. für den Zentner Kern, Weizen oder Roggen (Getreideaufschlag), 69 Pf. für den Zentner Kern- und Weizenmehl, 65 Pf. vom Zentner Roggenmehl bezw. 1 Pf. vom Pfund (Mehlaufschlag), 69 Pf. vom Zentner Weizenbrot, 65 Pf. vom Zentner Roggenbrot.

In Würzburg werden 55 Pf. vom Zentner Getreide, 75 Pf. vom Zentner Mehl oder Gries, 57 Pf. vom Zentner Brot, in Fürth 48 Pf. vom Zentner Getreide, 65 Pf. vom Zentner Mehl und anderer Mühlenerzeugnisse, 70 Pf. vom Zentner Brot, in Regensburg 35 Pf. vom Zentner Mehl, Futtermehl, Stärkmehl und 1 Pf. vom Kilogramm eingeführten Brots erhoben. In der letzten Stadt ist kein Getreidezoll vorhanden. Bamberg hat einen Getreidezoll von 26 Pf. pro Zentner, einen Aufschlag von Mühlenprodukten und vom Brot im Betrag von 35 Pf. pro Zentner.

Rechnet man den Zentner Getreide = 85,5 Pfd. Mehl, so schwankt die Besteuerung zwischen 24,5 Pf. (Münchener Getreideaufschlag und Getreidezoll auf Mehl reduziert) und 87 Pf. (Nürnberg) pro Zentner Mehl.

Hiermit ist jedoch die Belastung der Cerealien nicht genau beschrieben. Unter dem Namen „Schrannengebühr" wird nämlich in München, Augsburg, Fürth, Regensburg und Bamberg eine Abgabe erhoben, der man wenigstens in München und Augsburg teilweise den Charakter einer Steuer zuschreiben muss, da die gebotene Gegenleistung lediglich in der Erlaubnis besteht, die Ware zur städtischen Schranne zu bringen. Die „Gebühr" beträgt in München 6 Pf. pro Zentner und wird für alles in die Stadt gebrachte Getreide bezahlt, auch wenn es thatsächlich nicht zur Schranne kommt. In Augsburg sind 20 Pf. zu entrichten. In Regensburg, Fürth und Bamberg wird der Ertrag durch die Ausgaben der Schranne überstiegen; die städtischen Schrannen in München und Augsburg dagegen erzielen einen beträchtlichen Reingewinn, dessen Hauptteil eben aus der Schrannengebühr stammt, ein Beweis dafür, dass diese eigentlich eine Steuer ist. Sie trifft vorzugsweise den örtlichen Konsum, da in keiner dieser Städte ein nennenswerter Transithandel mit Getreide besteht.

Während es bei der Betrachtung der aufgeführten Einzelsätze scheinen möchte, als sei die „Mehlsteuer" höchst unbedeutend, ergibt ein Blick auf das Gesamterträgnis derselben ein ganz anderes Bild:

Tab. I.

Mehl- und Getreideaufschlag und Getreidezoll brachten
(brutto nach Abzug der Rückvergütungen)
Mark

in	1884	1885	1886	1887	1888	1889	1890
München . .	275,699	276,596	279,175	288,805	299,894	317,053	343,734
Nürnberg . .	262,158	276,049	274,990	299,586	299,042	310,918	324,640
Augsburg . .	117,191	111,739	115,836	117,448	121,310	127,025	136,005
Würzburg .	97,648	94,570	90,900	99,409	101,684	100,724	104,200
Fürth (netto).	64,402	62,950	59,528	66,255	64,125	66,199	67,106
Regensburg .	38,318	37,687	37,717	40,224	39,836	40,018	40,390
Bamberg . .	29,435	31,727	31,732	33,974	35,178	32,669	34,350

in	1891	1892	1893	1894	1895
München . . .	341,976	332,528	339,629	334,437	335,678
Nürnberg . . .	337,231	328,874	346,861	351,982	361,416
Augsburg . . .	134,195	131,744	128,501	126,803	132,096
Würzburg . . .	101,491	108,086	107,140	107,653	112,266
Fürth (netto) . .	71,663	69,994	73,581	74,038	76,657
Regensburg . .	42,376	40,362	43,220	40,585	47,018
Bamberg . . .	35,971	34,459	37,583	33,923	37,503

Die angegebene Zahl repräsentierte 1894 in München etwa 4%, in den Industriestädten Nürnberg, Augsburg, Fürth 12½ bezw. 8½ und 11½%, in Würzburg 11%, in Bamberg ca. 7% aller überhaupt entrichteten direkten und indirekten Kommunalsteuern incl. Pflasterzoll und Heimats- und Bürgerrechtsgebühren. Sie bildet daher einen so wichtigen Teil des Budgets, dass die Schwankungen in den Erträgnissen sich für die Verwaltung recht fühlbar machen müssen. — Bei genauerer Betrachtung fällt vor allem auf, dass das absolut höchste Steuererträgnis meistens durchaus nicht das der letzten Jahre ist, obwohl eigentlich der Ertrag der Verbrauchssteuern mit dem Wachstum der Bevölkerung successive steigen müsste; vielmehr ergibt sich, dass die Einnahmen nur sehr schwach, d. h. nicht im Verhältnis der Bevölkerungsziffer zugenommen oder gar abgenommen haben. Besonders auffällig ist, dass München und Augsburg beide im Jahre 1890 ihren Kulminationspunkt erreichten und seitdem wieder zurückgegangen sind, obwohl diese Städte einen bedeutenden Zuwachs an Einwohnern zu verzeichnen haben, während Nürnberg, Würzburg, Regensburg und Bamberg seit mehr denn einem Lustrum stillzustehen scheinen; nur in Fürth hält die Einnahme etwas besser Schritt mit der Bevölkerungsvermehrung. Allerdings ist in München 1891 der Getreideaufschlag um ⅛ ermässigt worden. Dieser Umstand allein genügt jedoch nicht, um den Rückgang zu erklären. Erstens wurde nämlich der Mehlaufschlag hiervon nicht berührt, der beinahe die Hälfte des Konsums betrifft, zweitens blieb auch nach jenem

Jahre die Einnahme konstant, so dass wenigstens gegen Ende der behandelten Periode zweifellos eine Abnahme des relativen Ertrags in München vorhanden ist.

Spuren dieser Depression finden sich auch bei der Schrannengebühr; hier allerdings kann sie nicht so deutlich hervortreten, da jene Gebühr ja nur vom Rohmaterial erhoben wird und also auch von den Verhältnissen der Mühlenindustrie und des Getreidehandels abhängt.

Tab. II.

Ergebnis der Schrannengebühr

Mark

in	1884	1885	1886	1887	1888	1889
München (brutto) . .	178,495	187,927	193,424	213,156	217,522	221,822
München (netto) . . .	81,130	85,139	110,928	123,185	118,722	136,086
Augsburg	40,275	41,972	39,031	32,230	28,446	30,283
Regensburg	2,571	2,056	1,923	1,844	1,689	1,657
in	1890	1891	1892	1893	1894	1895
München (brutto) . .	239,292	229,314	242,219	255,502	244,222	249,630
München (netto) . . .	152,749	155,795	165,482	177,529	167,864	153,311
Augsburg	33,014	39,327	34,867	36,082	34,693	31,332
Regensburg	1,662	1,923	1,716	1,293	1,215	—

Ist schon das in den Tabellen I und II angeführte Ergebnis geeignet, in dem Beobachter Bedenken gegen den Mehlaufschlag hervorzurufen, so werden solche Zweifel noch verstärkt, wenn man jene Zahlen im engeren Zusammenhalt mit der Bevölkerungsziffer betrachtet. Es ist nicht möglich, in den Jahren zwischen den Volkszählungen die Einwohnerzahl genau anzugeben: man muss sich daher mit Näherungswerten begnügen. Solche können auf verschiedene Weise erhalten werden. Die Einrichtung der Standesämter ermöglicht bekanntlich einen gewissen Einblick in die Bevölkerungsbewegung und gestattet durch Benutzung der sog. „fortgeschriebenen" Bevölkerungsziffer wenigstens eine ungefähre Einwohnerzahl festzustellen, die allerdings von den Ergebnissen der Volkszählungen abweichen muss. Solche Ziffern enthält die untenstehende Tabelle III für München, Nürnberg und Augsburg. Sie beruhen für München auf den Berichten des städtischen statistischen Amts, für Nürnberg und Augsburg auf direkten Mitteilungen der Stadtmagistrate. Für die anderen Städte wurde ein Wert gewonnen, indem die durch die Volkszählung konstatierte Zunahme von 5 zu 5 Jahren zu gleichen Quoten auf die einzelnen Jahre verteilt wurde. So hatte z. B. Fürth 1890 43,206 Einw., 1895 46,727 Einw. Die Differenz von 3521 Einw. wurde durch 5 geteilt, und nun wurden für jedes Jahr 704 Einw. hinzugerechnet, so dass sich untenstehende Reihe ergab. Zu dieser rohen Ermittelungsweise musste faute de mieux gegriffen werden und es lässt sich denken, dass die darauf basierten Ergebnisse an Ungenauigkeit leiden. Allein, solange wir nicht alljährliche Zählungen haben, müssen wir uns der Interpolationen bedienen, wenn anders wir nicht auf Forschungen in dieser Richtung verzichten.

Tab. III. Die Einwohnerzahl 1885—1895

in	Zählung 1885	1886	1887	1888	1889	Zählung 1890
München	259,000	268,000	280,000	293,000	306,000	331,000
Nürnberg (amtlich) ..	114,891	117,660	123,199	128,738	134,277	142,590
Augsburg (amtlich) .	65,905	66,800	67,000	68,000	68,500	75,629
Würzburg ...	55,010	56,250	57,490	58,730	59,970	61,032
Fürth ...	35,455	37,005	38,555	40,105	41,655	43,206
Regensburg ..	36,093	36,461	36,829	37,197	37,565	37,934
Bamberg ..	31,521	32,380	33,239	34,098	34,957	35,815

in	1891	1892	1893	1894	Zählung 1895
München	357,000	373,000	385,000	393,000	407,170
Nürnberg (amtlich)	144,565	148,523	152,481	156,439	162,380
Augsburg (amtlich)	76,000	78,000	81,000	81,000	81,000
Würzburg....	62,567	64,102	65,637	67,172	68,714
Fürth ...	43,910	44,614	45,318	46,022	46,727
Regensburg .	38,642	39,350	40,058	40,766	41,474
Bamberg .	36,445	37,075	37,705	38,335	38,965

An der Hand dieser Daten lässt sich nun feststellen, wie viel die Mahlsteuern — dieser Ausdruck möge den Steuerkomplex bezeichnen — in den einzelnen Jahren pro Kopf der Bevölkerung einbrachten. Die folgende Tabelle IV kann aus den schon angegebenen Gründen freilich nur auf approximative Richtigkeit Anspruch machen, jedoch wird der Fehler nicht so gross sein, dass er die gegenseitige Vergleichung der Zahlen ausschlösse.

Tab. IV. Die „Mahlsteuern" (ohne Schrannengebühr) brachten pro Kopf der Bevölkerung in M.

in	1885	1886	1887	1888	1889	1890	1891	1892	1893	1894	1895
München	1,07	1,04	1,03	1,02	1,04	1,04	0,96	0,89	0,88	0,85	0,83
Nürnberg	2,40	2,34	2,43	2,34	2,31	2,28	2,33	2,22	2,27	2,25	2,23
Augsburg	2,07	2,08	2,13	2,08	2,27	2,22	2,20	2,06	1,88	1,95	1,98
Würzburg	1,72	1,61	1,73	1,73	1,68	1,71	1,62	1,69	1,63	1,60	1,63
Fürth	1,77	1,61	1,72	1,60	1,59	1,55	1,63	1,57	1,62	1,61	1,64
Regensburg	1,04	1,03	1,09	1,07	1,06	1,07	1,10	1,03	1,08	0,99	1,13
Bamberg	1,01	0,98	1,02	1,03	0,93	0,96	0,99	0,93	0,99	0,89	0,96

Aus dieser Tabelle geht hervor, dass die Kopfquote für München, die im Jahre 1885 noch 1,07 M. betrug und sich bis zum Jahre 1890 mit geringen Schwankungen noch über 1 M. erhalten hatte, seit dieser Zeit beständig sinkt, so dass sie 1894 auf 0,85 M., d. h. binnen 10 Jahren und, wie es bei der Stetigkeit des Rückgangs scheint, für die Dauer um mehr als 20% gefallen ist, während die Ermässigung des Steuersatzes höchstens einen Rückgang von 7—8% rechtfertigt. Ferner liegt in Nürnberg dieselbe Quote in den letzten Jahren weit unter dem Mittel der Jahre 1885—90; in Augsburg und besonders auffällig in Würzburg haben die Erträgnisse um 5—10% nachgelassen und auch in Fürth und Bamberg lässt sich eher eine Schwächung als eine Stärkung der Steuerkraft konstatieren. Nur Regensburg, eine Stadt mit sehr schwach entwickelter Industrie, macht eine Ausnahme.

Es ist vollkommen gerechtfertigt, aus diesen Zahlen auf eine solche Abnahme der Steuerkraft zu schliessen. Denn wenn auch die Mahlsteuern von fast allen Cerealien entrichtet werden müssen, so kann man doch den Löwenanteil mit Recht der Brotbesteuerung zuschreiben. Da das Steuererträgnis im Verhältnis zum Konsum steht, so muss mit ersterem auch letzterer zurückgegangen sein. Der Brotkonsum aber bildet bei uns die Grundlage der Volksernährung und wird nur dann eingeschränkt, wenn entweder eine höhere Lebenshaltung die Fleischkost vermehrt oder wenn es einfach unmöglich ist, mit den gegebenen Mitteln den bisherigen Konsum aufrechtzuerhalten.

Es mag an dieser Stelle vorgreifend erwähnt werden, dass eine Vermehrung der Fleischkost in den behandelten Städten nicht eingetreten ist und dass daher das Sinken der Steuererträge mit einem Herabgehen der Konsumkraft zusammenhängen muss.

Diese Erkenntnis ist schon vom finanzpolitischen Standpunkt aus angesehen betrübend genug und mag der Verwaltung Anlass geben, die Rationalität der Mahlsteuern in Zweifel zu ziehen — wie viel mehr muss sie Bedenken erregen, wenn die Verhältnisse nach volkswirtschaftlichen Gesichtspunkten im engeren Sinn beurteilt werden.

Es dürfte ausser Zweifel stehen, dass die Steuer nicht auf den Produzenten, die sie zu bezahlen haben, sitzen bleibt, sondern dass sie mit Erfolg auf die konsumierende Bevölkerung übergewälzt wird. Dies ist vom Gesetzgeber beabsichtigt gewesen und bei der Lage der beteiligten Industrien auch anzunehmen, da ja die Konsumenten im allgemeinen auf die Deckung ihres Bedarfs an Ort und Stelle angewiesen sind[1]). Doch wird durch eine erfolgreiche Ueberwälzung eine anderweitige Schädigung dieser Industrien, besonders der Bäckerei, nicht ausgeschlossen. Hievon wird später zu sprechen sein.

Wie oben erwähnt, lässt sich aus dem Steuerertrag ein Rückschluss auf den Konsum machen. Sind aber schon die Steuerkopfquoten nicht mehr ganz sicher festzustellen, so hat man erst recht mit Schwierigkeiten zu kämpfen, wenn man die Höhe des Konsums an Cerealien pro Kopf der Bevölkerung berechnen will. In München unterzieht sich seit Jahren das städtische statistische Amt dieser Aufgabe. Dasselbe beschränkt sich auf die Feststellung des Mehlkonsums, als des volkswirtschaftlich wichtigsten Elements und geht bei der Berechnung von der Annahme aus, dass in der Einfuhr 80%, in der Ausfuhr 60% backfähigen Mehles enthalten seien. Diese Unterscheidung ist nötig, weil ja der Aufschlag unausgeschieden auch von Futter und Kleienmehl erhoben wird. Bezüglich der Sicherheit der Resultate wird bemerkt[2]): „Die Schwierigkeiten einer genauen Nachweisung über die am Ort verbrauchten Mehlmengen einerseits und die Unsicherheit der Bevölkerungszahlen in den Jahren zwischen den Volkszählungen anderseits lassen eine Berechnung des im einzelnen Jahre

---

[1]) In Augsburg betrug das Ergebnis des Brotaufschlags gesondert 1894 nur 3879 M. 23 Pf., ein Beweis, dass der Brotimport nur eine geringe Rolle spielt.
[2]) XI. Jahrbuch S. 311.

durchschnittlich auf den Kopf der Bevölkerung treffenden Anteils am Mehlverbrauch gewagt erscheinen; mit Rücksicht darauf sind die nachfolgenden Zahlen nur als Näherungswerte zu betrachten." Können daher die Konsumquoten auch keinen Anspruch auf absolute Richtigkeit machen, so ist doch eine relative wohl zu erreichen. Berücksichtigt man nämlich, dass dieselben Fehlerquellen alljährlich auftreten, so wird man zugeben, dass durch diesen Umstand ein gewisser Ausgleich geschaffen wird, der die Zahlen zur Vergleichung der einzelnen Jahre miteinander vollkommen tauglich macht.

Die Verbrauchsquoten für die andern Städte (ausser München) beruhen auf den Angaben der bez. Magistrate. Für Regensburg sind die betr. Daten nicht zu erlangen.

Tab. V.

Mehlverbrauch pro Kopf der Bevölkerung in Pfund (500 g)

in	1884	1885	1886	1887	1888	1889	1890
München*) . .	207	202	204	197	201	202	205
Nürnberg . . .	231,8	243	228	228	228	213,6	230
Augsburg . . .	335	311	318	322,5	328	342,5	332
Würzburg . .	230	229	222	243	239	227	228
Fürth . .	280	266	245	265	247	246	248
Bamberg . . .	231	273	275	298	298	266	272

in	1891	1892	1893	1894	1895
München	203	185	182,6	—	—
Nürnberg	231,2	215,6	225	218,4	219,8
Augsburg	322	309,5	289,5	285,5	294
Würzburg . . .	218	229	223	221	—
Fürth	248	245	245	245	246
Bamberg	273	255	250	244	271

*) München 1881 1882 1883
              219 216 220

Die grossen Differenzen zwischen den einzelnen Städten werden zum überwiegenden Teil wohl durch die besprochenen Fehlerquellen erzeugt sein. Unterschiede, wie z. B. 1889 zwischen Augsburg und München (140,5 Pfd.) sind ja bei räumlich und wirtschaftlich einander so nahen Plätzen aus andern als solchen Ursachen nicht gut zu erklären. Sieht man übrigens von Augsburg ab, so hat man immerhin noch einigermassen ähnliche Verhältnisse vor sich.

In München wurden 1884 noch 207 Pfd. pro Person verbraucht, eine Menge, die gegen die 3 vorhergehenden Jahre schon recht gering ist; in den folgenden Jahren etwas kleiner, sank die Quote doch bis 1891 nur einmal unbedeutend unter 200 Pfd., 1892 aber ging sie in jähem Fall auf 185 Pfd. herunter und 1893 sogar auf 182,6 Pfd. Hier hören die Nachweisungen auf. Es besteht jedoch eine starke Vermutung dafür, dass in den folgenden Jahren diese Tendenz angehalten hat. Das ergibt sich wenigstens aus der Analogie der andern Städte.

In Nürnberg betrug 1884 die Durchschnittsquote noch 231,8, 1885 sogar 243 Pfd., 1891 erhob sie sich zum letztenmal über 230 und steht jetzt unter 220 Pfd.

In Augsburg verzehrte man im Durchschnitt der Jahre 1891—95 um 27 Pfd. weniger als 1884—90 und dabei sind die Zahlen für die 4 letzten Jahre niedriger als im schlechtesten der vorausgehenden. Ebenso lässt sich in Würzburg und in Fürth eine Abnahme des Konsums nicht leugnen.

In Bamberg beträgt der Unterschied derselben Durchschnitte, wie sie bei Augsburg angeführt sind, ca. 15 Pfd. zu Ungunsten des letzten Quinquenniums.

Wegen der Unsicherheit dieser Zahlen ist es schwer zu sagen, ob der Verbrauch gegen den anderer Gegenden hoch oder niedrig zu nennen ist. Eins aber ist durch die Tab. V bewiesen: der Konsum von Cerealien ist in den sechs, wahrscheinlich den sieben grössten Städten des diesseitigen Bayern heute um ein gutes Teil (10 % und mehr) geringer als vor einem Jahrzehnt.

Da es, wie oben erwähnt, sicher ist, dass diese Verminderung nicht durch Uebergang zur Fleischnahrung veranlasst wurde, so weist die konstatierte Thatsache darauf hin, dass man an die Stelle der nahrhaften Körnerfrucht wahrscheinlich ein Surrogat in der Gestalt der Kartoffel gesetzt hat, d. h. dass man in der Lebenshaltung zurückgekommen ist. Doch ist noch eine andere Möglichkeit der Erklärung vorhanden, und diese wurde vom Münchner statistischen Amt, dem die Sache auffiel, mit Beziehung auf Münchner Verhältnisse in folgender Weise gegeben[1]): „Hier kann nur auf die beiden nächstliegenden Erklärungen hingedeutet werden. Wenn berücksichtigt wird, dass sämtliche Nachweise auf der Annahme gleichmässiger Ausbeute beruhen, so legen die Fortschritte der Mühlentechnik während eines längeren Zeitraums die Möglichkeit nahe, dass schon bei geringer prozentualer Erhöhung der Ausbeute der rechnungsmässige Kopfteil sich mindert, ohne dass eine thatsächliche Genussminderung eintritt. Anderseits ist zu berücksichtigen, dass der Brotkauf und dementsprechend bei der den täglichen Gebräuchen innewohnenden Beharrung auch der Brotverbrauch zu einem grossen Teil nicht nach Gewicht, sondern nach Stückzahl und festem Preis stattfindet, so dass einer Verminderung des Gewichts des einzelnen Brotes nicht sofort der Verbrauch einer entsprechenden Mehrzahl von Broten folgt, also auch eine allmähliche Minderung des Brotgewichtes die erwähnte Erscheinung mit erklären könnte." — Diese Erklärung ist jedoch nicht ganz stichhaltig. Was zunächst den ersten Teil anlangt, so ist es sehr unwahrscheinlich, dass im Lauf einer verhältnismässig kurzen Periode so tiefgreifende Veränderungen der Mühlentechnik eingetreten sein sollten, dass solch bedeutende Differenzen entstehen könnten. Ein grosser Teil — in München und Bamberg etwa die Hälfte — der verbrauchten Mehlmassen wird bereits als Mehl eingeführt und kommt bei solchen Veränderungen nicht in Betracht. Der Magistrat Fürth legte schon 1887 in seinem Verwaltungsbericht den Nachweisungen eine Erzeugung von 85,5 % Mehl aus dem eingebrachten Korn zu Grunde. Selbst das grösste technische Raffinement dürfte kaum im stande sein, die Ausbeute noch wesentlich über diesen Prozentsatz zu steigern.

Immerhin hat aber diese Erklärung eine Berechtigung, wenngleich der Einfluss der berührten Momente minimal sein dürfte.

Anders steht es mit dem zweiten Teil. Das statistische Amt spricht hier von einer „den täglichen Gebräuchen innewohnenden Beharrung", die sich auch

---

[1]) Bd. XI S. 311.

beim Brotessen zeige. Es gibt allerdings eine Minorität von Menschen, die täglich zu gewissen Zeiten eine gewisse Zahl von Brotstücken verspeist und der das Brot nur eine notwendige Zukost ist. Bei diesen mag jene Erklärung zutreffen. Die andern aber, eine gewaltige Majorität, essen das Brot als Hauptspeise, um satt zu werden. Sie fühlen jede Gewichtsverringerung und müssen entweder mehr Brot kaufen oder den Gürtel enger schnallen, wenn sie nicht zu Surrogaten greifen. Hier zeigt die Erklärung wohl die Art und Weise, wie sich eine Verminderung des Konsums in praxi vollzieht, aber einen Grund dafür gibt sie nicht an. Die darin enthaltene Wahrheit ist einfach der Satz, dass der Verbrauch des Brotes von seinem Preis im Kleinhandel beeinflusst wird.

Nun könnte aber einer sagen: Es ist wahr, in der letzten Zeit sind die Städte gewachsen und der Brotkonsum nicht; schuld daran aber ist nur der Umstand, dass die hinzukommende Bevölkerung zum grössten Teil den ärmsten Klassen angehörte und aus Leuten besteht, die teils durch die Ausdehnung der Industrie, teils durch die Einverleibung von Vorstädten in den Stadtbezirk geraten sind. Sie bilden nun einen Divisor, ohne dass sie den Konsum entsprechend vermehrt hätten. Der Verbrauch der Altansässigen kann also gleichgeblieben sein.

Diese Begründung muss aber bei einer Brotsteuer a limine abgewiesen werden, denn am Brotverbrauch sind bekanntlich die niederen Klassen relativ am stärksten beteiligt. Der Zuzug einer Fabrikbevölkerung wäre daher unter normalen Verhältnissen eher geeignet, den Verbrauch zu heben, als zu beeinträchtigen.

Eine Beteiligung der Vorstädte ist noch auf eine andere Weise denkbar. Wenn nämlich ein grosser Teil der in der Innenstadt beschäftigten Arbeiter ausserhalb des Stadtgebiets wohnt, so werden sie dort gezählt, während sie doch bedeutende Bruchteile ihrer Nahrung innerhalb verzehren. Sie erhöhen also vor der Einverleibung die Konsumziffern der Stadt, so dass sich nach der Einverleibung, sobald sie als Divisoren wirken, ein relatives Minus ergibt. Auch diesem Umstand ist keine grosse Bedeutung beizumessen. Einerseits sind die Arbeiter gewöhnt, ihren Tagesbedarf entweder zur Arbeitsstätte mitzubringen oder durch Familienangehörige holen zu lassen; sie werden dies besonders dann thun, wenn sie damit etwas ersparen und letzteres ist nicht nur bei den verheirateten Arbeitern der Fall, sondern überall da, wo hohe Steuern, Ladenmieten, Wirtschaftspachten u. s. w. den Verkäufer zu Preiserhöhungen zwingen. Anderseits kauft die nahe der Stadtgrenze wohnende Innenbevölkerung ihren Bedarf gerne in den billigeren Vorstadtläden und vermindert so den scheinbaren Konsum vor der Einverleibung. Eine Kontrolle dieser Detaileinfuhr ist gar nicht möglich. Sie ist aber, wie von Kundigen bestätigt wird, vorhanden und vorhanden gewesen.

Aus diesen Gründen ist es gerechtfertigt, die beiden behandelten Einwände hier als unwichtig im weiteren zu übergehen.

Bei Betrachtung der einzelnen Jahre finden wir, dass besonders die Jahre 1889/90 Maxima des Verbrauchs enthalten, während 1892 in den drei grössten Städten das Minimum bildet. Es ist nun allgemein bekannt, dass die Jahre 1889/90 die Zeit eines bedeutenden wirtschaftlichen Aufschwungs, die folgenden Jahre die Periode eines ebensolchen Rückschlages gewesen sind. Zu der einen Zeit lebhafter Geschäftsgang, guter Verdienst, zur andern das Gegenteil, diese Faktoren sind geeignet, die Konsumziffer recht zu beeinflussen. Einen Hauptfaktor aber bildete sicherlich auch der Preis der Produkte. Im allgemeinen wird eine Preiserhöhung nachteilig auf den Konsum wirken; fällt sie aber in eine Zeit steigender Konjunktur, so kann ihr Effekt durch steigenden Verdienst ausgeglichen werden, fällt hinwiederum die Erhöhung in Zeiten wirtschaftlicher Ruhe oder gar des Niedergangs, so wird die Abnahme des Konsums damit Hand in Hand gehen. So klar diese Gründe theoretisch sind, so schwer sind sie in ihren Wechselbeziehungen praktisch zu trennen. Man ist auch hier oft auf Mutmassungen angewiesen und während an der einen Stelle ein auffallender Parallelismus zwischen Preissteigerung und Konsumminderung sich findet, ist an andern Stellen nicht der leiseste Zusammenhang wahrnehmbar. Die folgenden Uebersichten mögen das Verhältnis illustrieren.

Für München sind in der Tab. VI zwei Reihen mit dem Durchschnittsgewicht des Weiss- und des Schwarzbrotes, eine mit dem Preis des Pfundes Roggenmehl im Kleinhandel angegeben. Hier tritt die Wechselbeziehung zwischen Konsum und Preis in den beiden ersten Spalten sehr deutlich hervor. Mit der Gewichtszunahme steigt der Verbrauch, mit der Preissteigerung fällt er.

Tab. VI.

Brot- und Mehlpreis und Verbrauch in München.

Jahr	Gewicht der Laibe zu 3 Pf. in g	Gewicht der Roggenlaibe zu 50 Pf. in g	Preis des Roggenmehls pro Pfd. in Pf. Kleinhandel durchschnittl.	Mehlverbrauch in Pfd. pro Kopf
1881—84	71	—	17	215,5
1885	71	—	15,5	202
1886	68	—	16,5	204
1887	65	—	16	197
1888	68	—	17	201
1889	64	3100	17	202
1890	66	3130	17,3	205
1891	67	2450	20,5	203
1892	64	2340	20,5	185
1893	—	—	20	182,6

Etwas anderes zeigt dagegen Tab. VII für Nürnberg. Hier ist es absolut unmöglich, einen ursächlichen Zusammenhang zwischen jenen Faktoren herauszufinden. Dagegen nimmt man mit Befremden wahr, dass in den letzten Jahren die Minderung des Verbrauchs trotz fallender Preise — 1894 niedriger als je — eingetreten ist.

Tab. VII.

Brot- und Mehlpreise und Mehlverbrauch in Nürnberg.

Jahr	Roggenbrot	Roggenmehl I per Pfd. in Pf.	Roggenmehl II	Mehlverbrauch in Pfd.
1884	16	—	—	231
1885	15	—	—	243

Jahr	Roggenbrot	Roggenmehl I per Pfd. in Pf.	Roggenmehl II	Mehlverbrauch in Pfd.
1886	15	20	18	228
1887	13	18	14	228
1888	14	17	13	228
1889	16	18	14	213,6
1890	16	19	16	230
1891	18	21	18	231,2
1892	17	19	16	215,6
1893	15	17	14	225
1894	14	16	13	218,4

Dieselbe Erscheinung zeigt sich in Augsburg (Tab. VIII), Würzburg (Tab. IX) und Fürth (Tab. X).

Tab. VIII.

Brot- und Mehlpreise und Mehlverbrauch in Augsburg.

Jahr	Römisches Brot	Roggenbrot	Weizenbrot	Roggenmehl II. Qual.	Roggenmehl I. Qual.	Weizenmehl gewöhnl.	Weizenmehl fein	Mehlverbrauch pro Kopf in Pfd.
			kosteten per Pfund in Pfennig					
1884	25	18	28	14	15	18	22	335
1885	25	18	28	14	15	18	22	311
1886	25	18	28	14	15	18	22	318
1887	25	18	28	14	15	18	24	322,5
1888	25	18	28	14	16	20	24	328
1889	22	16	28	14	16	20	24	342,5
1890	20	15	28	15	16	20	24	332
1891	20	16	32	16	18	20	26	322
1892	20	18	32	15	16	20	24	309,5
1893	18	14	24	12	14	18	22	289,5
1894	18	14	24	10	12	15	20	285,5
1895	18	14	24	10	12	15	20	294

Tab. IX.

Brot- und Mehlpreise und Brotverbrauch in Würzburg.

Jahr	Schwarzbrot 6 Pfd.-Laib in Pf.	Roggenmehl 1 Pfd. in Pf.	Mehlverbrauch in Pfd.
1884	78	15	230
1885	72	15	229
1886	72	13	222
1887	72	14	243
1888	68	15	239
1889	68	15	227
1890	71	15	228
1891	80	17	218
1892	78	14	229

Jahr	Schwarzbrot 6 Pfd.-Laib in Pf.	Roggenmehl 1 Pfd. in Pf.	Mehlverbrauch in Pfd.
1893	65	13	223
1894	60	13	221
1895	58	15	—

Tab. X.

Brot- und Mehlpreise und Mehlverbrauch in Fürth.

Jahr	Roggenbrot	Römisches Brot	Weizenbrot per Pfd. in Pf.	Roggenmehl II	Roggenmehl I	Weizenmehl II	Mehlverbrauch in Pfd.
1884	13	14	27	12	13	18	280
1885	12	13	28	12	13	17	266
1886	12	15	27	13	16	15	245
1887	12	15	27	15	17	17	265
1888	14	17	25	17	19	18	247
1889	17	20	27	17	19	18	246
1890	17	20	19	17	19	18	248
1891	18	23	21	21	22	21	248
1892	19	21	20	20	21	20	245
1893	16	17	18	14	15	16	245

Man kann dieses Phänomen nur mit dem überwiegenden Einfluss der allgemeinen ökonomischen Lage einigermassen erklären. Solange der Verdienst noch reicht, wird er zum Einkauf von Brot verwendet, mag es billig oder teuer sein; stockt der Verdienst, so kann ein niederer Brotpreis den Verbrauchsrückgang zwar hemmen, aber nicht hindern. Sollte die Industrie die Billigkeit des Brotes in den letzten Jahren benutzt haben, um auf die Löhne zu drücken? Doch diese Dinge sind hier nicht zu untersuchen.

Soviel ist gewiss: der relative Brotverbrauch in den grössten bayrischen Städten ist seit Jahren im Sinken. Diese Tendenz hat sich in den letzten Jahren trotz fallender Preise behauptet. Trotzdem dürfen wir aus allgemeinen Erfahrungen schliessend annehmen, dass der Preis einen erheblichen Einfluss auf den Verbrauch der notwendigen Nahrungsmittel an sich haben muss. Umsomehr ist es daher als sicher zu betrachten, dass die Einkommensverhältnisse des Proletariats sich in dieser Zeit wesentlich verschlechtert haben. Wenn also die Brotbesteuerung einen nennenswerten Einfluss auf die Preisbildung hat, ist sie irrationell, da sie grösstenteils von den Aermsten getragen wird und zur Verminderung jenes Verbrauchs beiträgt.

In Tab. IV sind bereits die Kopfquoten für die wirklichen Steuern angegeben. Will man aber die effektive Belastung erfahren, so muss man die Schrannengebühr berücksichtigen. Nehmen wir — allerdings willkürlich — an, dass in München etwa das arithmetische Mittel zwischen Brutto- und Nettoertrag, in Augsburg ²/₃ der Gebühr als eine Art von Steuer von der Bevölkerung zu tragen seien, so ergeben sich folgende Kopfquoten[1]):

---

[1]) Bei den anderen Städten fallen die Schranneneinkünfte wenig ins Gewicht.

Tab. XI.
Kopfquoten der Schrannengebühr
für München arithmet. Mittel zwischen Brutto- und Nettoertrag
für Augsburg ²/₃ des Bruttoertrags in Pf.

in	1885	1886	1887	1888	1889	1890	1891	1892
München .	53	57	60	57	58	59	54	55
Augsburg	42	40	32	28	30	30	34	30

in	1893	1894	1895
München . . .	56	53	50
Augsburg .	30	28	26

Die volle Steuerbelastung beträgt unter Hinzurechnung dieser Zahlen durchschnittlich pro Jahr und Kopf in München 1 M. 52 Pf., in Nürnberg 3 M. 31 Pf., in Augsburg 2 M. 41 Pf., in Würzburg 1 M. 67 Pf., in Fürth 1 M. 63 Pf., in Regensburg 1 M. 06 Pf., in Bamberg 0,97 M. — abgesehen von der Hauptstadt ist also die Belastung durch die Mahlsteuern proportional der Grösse der Städte; am grössten aber ist sie in den Hauptindustriestädten, in Nürnberg und Augsburg, also da, wo die meiste besitzlose Bevölkerung wohnt. In Nürnberg zahlt eine Familie von 5 Köpfen 16 M. 55 Pf., in Augsburg 12 M. 05 Pf. jährlich, eine Arbeiterfamilie aber in Wirklichkeit noch mehr. Das entspricht bei einem Preis von 15 Pf. pro Pfund Roggenmehl in Nürnberg einem Konsum von ca. 22 Pfd., in Augsburg von ca. 16 Pfd. pro Jahr und Person. Dabei ist nicht zu vergessen, dass diese Steuern mit den Reichskornzöllen kumulieren, die unter allen Umständen auf die Dauer den Preis des Mehls und des Brotes wenigstens um einen Teil ihres Betrags erhöhen.

Die Mehlbesteuerung in Bayern erhält noch ein besonderes Relief durch den Umstand, dass sie eine Höhe erreicht, die in ganz Deutschland nur sehr selten vorkommt, ja zum Teil in dieser Beziehung einzig dasteht. Während z. B. in Elsass-Lothringen das System des Oktroi unter französischem Regime aufs äusserste ausgebeutet wurde, hat man in Strassburg und Metz die Cerealien ganz frei gelassen, in Mülhausen mit einer Abgabe belegt, die 1891/92 15,606 M. = 20 Pf. pro Kopf der Bevölkerung betrug[1]). Die grössten Städte Preussens mussten sich meist schon seit 1. Januar 1875 (Ges. v. 25. Mai 1873) jeglicher Brotbesteuerung enthalten[2]), und wo, wie in Wiesbaden und Kassel, eine solche bestand, blieb sie noch weit sogar hinter der Bamberger zurück. Eine Ausnahme machen badische Kommunen wie Karlsruhe (1892 1 M. 18 Pf. pro Kopf der Bev.), und Mannheim (1892 1 M. 43 Pf. pro Kopf der Bev.), und sächsische Gemeinden wie Dresden[3]) (1892 1 M. 83 Pf. pro Kopf der Bev.). Aber auch sie haben noch mittlere Sätze, obwohl die badischen Städte steuerkräftiger sein dürften als die bayrischen.

Naturgemäss lässt sich in Dingen, deren Ursachen und Wirkungen so kompliziert und unberechenbar sind, wie eine indirekte Steuer, über diese

---

[1]) Neefe 1894, 312.
[2]) Ueber den Rechtszustand vor dem neuen Kommunalabgabengesetz vom 14. Juli 1893 vgl. Finanzarchiv 1893 S. 430. Jetzt entscheidet § 14 dieses Gesetzes (Finanzarchiv 1893 S. 819).
[3]) Dresden erhebt vom Zentner Weizenmehl 1 M. 20 Pf., vom Zentner Roggenmehl 50 Pf.; Bautzen je 30 Pf.

Faktoren nichts absolut Bestimmtes sagen. Mit einem hohen Grad von Wahrscheinlichkeit aber können wir die Behauptung aufstellen: In den grösseren Städten Bayerns ist die Brotbesteuerung stärker als irgendwo in Deutschland (mit alleiniger Ausnahme Sachsens), sie liefert jedoch keine steigenden Erträgnisse, denn der Brotkonsum ist in den letzten Jahren gesunken, vermutlich infolge schlechter Konjunktur. Durch eine Abschaffung der Besteuerung könnte eine Preisminderung im Kleinhandel eintreten und der Mehlkonsum um Beträge bis zu 22 Pfd. pro Jahr und Kopf gehoben werden.

Diese Thatsachen allein lassen schon den Mehlaufschlag vom finanzpolitischen wie vom volkswirtschaftlichen Standpunkt aus in schlechtem Lichte erscheinen. Aber es sind nicht nur die städtischen Kassen und die Konsumenten, die eine Berücksichtigung verdienen. Bei den indirekten Steuern pflegen meist auch die Produzenten der besteuerten Artikel stark am Bestehen und der Höhe interessiert zu sein. Das ist nun gerade ein weiterer Hauptfehler der bayrischen Mehlaccise, dass auch nicht ein Gewerbe, nicht ein Rohproduzent existiert, der ihr Bestehen zu wünschen Grund hätte und den sie konkurrenzfähig machte. Der Getreideproduzent hat, soweit er für den Weltmarkt arbeitet, nicht das geringste Interesse an Binnenzöllen auf Korn. Wo er aber den lokalen Absatz in Rechnung zieht, ist er natürlich eher bestrebt, auf die Abschaffung derselben hinzuwirken. So beschloss z. B. der bayrische Landwirtschaftsrat in einer Sitzung im April 1896 „an das königl. Staatsministerium des Innern sei die Bitte zu stellen, einen städtischen Aufschlag auf Hafer für Garnisonsstädte mit Kavallerie, Artillerie und Train künftig überhaupt nicht mehr zu bewilligen, für die Städte, in welchen ein solcher Aufschlag auf Hafer besteht, bei künftiger Fortbewilligung zu untersuchen, ob derselbe in Zukunft nicht besser ganz wegfalle oder doch wenigstens für die militärischen Lieferungen." Im Steuergebiete selbst aber kommen nur die Gewerbe in Betracht, die sich mit der Verarbeitung beschäftigen, also Müller und Bäcker. Würde die Accise lediglich von einem fertigen Produkt erhoben, das Rohmaterial aber frei gelassen, so könnte noch irgend ein Vorteil für das eine oder andere Gewerbe herausspringen. So aber sucht man alles, was in der Stadt verzehrt wird, gleichmässig zu treffen und der Effekt ist nach dieser Richtung, dass die städtischen Gewerbe, weit entfernt die Mahlsteuern zu loben, sie als sehr schädlich empfinden. Höchst drastisch lässt sich darüber die Würzburger Bäckerinnung im Jahresbericht der dortigen Handelskammer für 1893 aus: „Während in früheren Jahren, als hier in der Stadt die Mehlaccise noch nicht in der jetzigen Höhe bestand, die Landleute ihr Brot zum Teil in der Stadt kauften, hat der Bäcker heute diese Abnehmer nicht nur verloren, sondern es wird auch eine Masse Brot vom Lande in die Stadt hereingeliefert, weil der dortige Bäcker überhaupt billiger als der Stadtbäcker produzieren kann. Der Verdienst der Brotbäckerei ist demzufolge gleich Null und es haben deshalb mehrere Bäcker Feinbäckerei eingeführt, um den Ausfall, den sie durch Schwarzbrotbäckerei erleiden, zu decken. Durch die kolossale Konkurrenz wird der Umsatz und der Verdienst beim einzelnen weniger. Es ist deshalb nicht zu wundern, wenn mit Ausnahme einzelner Bäckereien der grösste Teil mit Mühe und Sorgen zu kämpfen hat, um bloss die Existenz zu erhalten, ohne, wie vielfach angenommen, sich etwas zurücklegen können." Wenn auch dieser Jammerschrei etwas übertrieben sein mag, so geht daraus thatsächlich doch hervor, dass die Lebensmittelgewerbe zum mindesten keinen Grund haben, die Aufrechterhaltung des gegenwärtigen Zustands zu begünstigen.

Zieht man nun die Summe der vorausgehenden Erwägungen, so findet man, dass nur noch die rein fiskalischen Gesichtspunkte, besser gesagt, die rein finanztheoretischen Rücksichten, übrig sind, von denen aus eine Verteidigung geführt werden könnte. Diese aber können nicht erörtert werden, ohne dass zuvor die anderen Steuerquellen betrachtet sind.

2. Der Fleischaufschlag.

Der Fleischaufschlag wird in allen sieben behandelten Städten erhoben. Wenn er sich auch an finanzieller Bedeutung meist nicht mit dem Mehlaufschlag messen kann, so sind doch die Summen, die er einträgt, für den Haushalt wichtig genug.

Er wird sowohl vom lebend eingeführten Vieh als auch vom importierten Fleisch erhoben und zwar vom Vieh nach gewissen Klassen, die durch Art und Qualität der Stücke bestimmt werden, vom Fleisch nach Gewicht. So verschieden sind jedoch auch hier die Abstufungen und Sätze, dass man es nicht gut umgehen kann, die einzelnen Tarife anzugeben. Danach werden entrichtet:

1. In München: für 1 Ochsen 2,90 M., 1 Rind oder Kuh 1,30 M., 1 Jungrind bis 280 Pfd. 1,15 M., 1 Kalb 0,30 M., 1 Schaf oder Ziege 0,20 M,, 1 Mastschwein bis 120 Pfd. 0,90 M., 1 gewöhnliches Schwein (45—120 Pfd.) 0,30 M., 1 Frischling 0,15 M., vom Zentner eingeführten Fleisches 0,65 M., vom Pfd. 1 Pf.

2. In Nürnberg: für 1 Ochsen 3,85 M., 1 Stier 1.70 M., 1 Kuh 1,70 M., 1 Rind 1,15 M., 1 Kalb 0,40 M., 1 Schaf, Geiss, Ziege 0,20 M., 1 Sauglamm 0,10 M., 1 Schwein mit 45 kg Lebendgew. 0,90 M., dto. mit 15—45 kg 0,30 M., dto. darunter 0,15 M., pro Zentner 71 Pf., vom Pfd. 1 Pf.

3. In Augsburg: für 1 Ochsen von 6 Ztr. und mehr 4,30 M., dto. von geringerem Gewicht 2,90 M., Kühe, Stiere, Jungrinder 1,30 M., Kälber 0,30 M., Schafe, Böcke, Ziegen 0,20 M., Schweine von 60 Pfd. und darunter 0,60 M., Lämmer und Kitzen 0,05 M., eingeführtes Fleisch u. s. w. pro Pfd. 1 Pf., vom Zentner 0,65 M.

4. In Würzburg: für 1 Ochsen und über 745 Pfd. Lebendgew. schweren Stier 6,86 M., 1 Kuh, Kalbe und leichteren Stier 4,11 M., 1 Kalb oder Hammel 0,57 M., 1 grosses Schwein 1,29 M., ein kleines Schwein 1,03 M., 1 Pfd. eingeführtes Fleisch 1 Pf.

5. In Fürth: für 1 Ochsen 3,85 M., Kühe und Stiere 1,70 M., 1 Rind 1,15 M., 1 Kalb 0,40 M., 1 Schaf oder Ziege 0,20 M., 1 Schwein 0,43 M., 1 Ztr. eingeführtes Fleisch 0,65 M., 1 Pfd. 1 Pf.

6. In Regensburg: für 1 Ochsen über 4 Ztr. 3,43 M., 1 dto. darunter oder 1 Stier 2,06 M., 1 Kuh 1,71 M., 1 Jungrind 1,20 M., 1 Kalb 0,40 M., 1 Schaf, Lamm, Ziege 0,23 M., 1 Schwein unter 24 Pfd. 0,17 M., dto. 24—99 Pfd. 0,51 M., dto. über 1 Ztr. 0,90 M., eingeführtes Fleisch wie vor.

7. In Bamberg: für 1 Ochsen 5,71 M., 1 Jungrind 2,29 M., 1 Kuh oder Stier 2,57 M., 1 Kalb 0,57 M., 1 Schaf, Ziege, Bock 0,34 M., 1 Schwein 0,70 M., 1 Ztr. eingeführtes Fleisch 1,30 M., 1 Pfd. 1 Pf.[1]).

Das meiste Fleisch wird als lebendes Vieh eingeführt. Daraus resultiert, dass der Aufschlag im allgemeinen nicht genau gleichmässig, sondern nur ganz im grossen proportional dem Gewicht erhoben werden kann. Dieser Umstand begründet manche Mängel.

Zunächst ist wieder — um die für die Mahlsteuer beobachtete Reihenfolge einzuhalten — zu untersuchen, wie stark der Fleischaufschlag im städtischen Haushalt hervortritt. Das Gesamtergebnis zeigt folgende Tabelle.

Tab. XII.

Ertrag des Fleischaufschlags brutto nach Abzug der Rückvergütungen

in	1884	1885	1886	1887	1888	1889	1890
München	181,820	190,616	197,712	200,994	236,860	233,940	229,087
Nürnberg	116,330	122,421	123,269	126,827	143,273	138,350	133,059
Augsburg	50,540	51,649	54,617	54,850	57,757	56,206	55,703
Würzburg	83,259	86,774	88,285	91,588	98,603	95,404	91,689
Fürth	21,693	22,136	22,291	23,202	26,469	25,603	24,115
Regensburg	36,040	36,706	36,313	35,477	39,720	38,852	35,880
Bamberg	35,718	37,912	37,151	38,117	42,029	40,246	38,962

in	1891	1892	1893	1894	1895
München	243,720	245,176	263,506	254,157	263,869
Nürnberg	135,468	133,877	146,342	140,320	149,523
Augsburg	58,443	56,246	60,169	54,748	56,564
Würzburg	93,522	97,621	106,560	96,353	98,187
Fürth	24,712	24,127	26,722	23,814	26,040
Regensburg	37,122	37,596	40,730	38,704	39,011
Bamberg	40,922	41,890	44,383	38,883	39,359

Diese Zahlen stellten 1894 dar für München 3%, für Nürnberg 5%, für Augsburg 3½%, für Würzburg 10½%, für Fürth 4%, für Regensburg 6% und für Bamberg 8% des Einkommens an eigentlichen Steuern inkl. Heimat- und Bürgerrechtsgebühren und Pflasterzoll. Wenn also auch, wie bemerkt, die finanzielle Bedeutung des Fleischaufschlags nicht hervorragt, so ist doch seine genauere Untersuchung sehr geeignet, volkswirtschaftlich Interessantes zu ergeben. Denn einmal trifft er das Produkt, dessen Konsum man in Mitteleuropa geradezu als Barometer der Lebenshaltung anzusehen sich gewöhnt hat; noch

---

[1]) Ein Pendant dieser Tarife bieten sächsische Städte, die zum Teil noch weiter gehen. So bezahlt man als Eingangsabgabe in

	Dresden	Bautzen
für 1 Ochsen	10,— M.	3,60 M.
„ 1 Rind über 150 kg	8,— „	2,40 „
„ 1 Kalb	—,— „	0,25 „
„ 1 Schaf	0,50 „	0,20 „
„ 1 Schwein	2,— „	0,60 „

Neumann, Gemeindesteuerreform in Deutschland S. 116.

nicht so sehr Artikel des Welthandels ist das Fleisch ausserdem in Preis, Qualität und Konsum grösseren Schwankungen unterworfen als die Mühlenprodukte und ist so eher geeignet, einen Einblick in den Zusammenhang dieser Faktoren zu gestatten. Auch ist die Kommunalbesteuerung des Fleisches weit allgemeiner als die des Mehls.

Der Fleischaufschlag ist ebensowenig die einzige Belastung des Fleisches wie der Mehlaufschlag die einzige des Mehls. Auch hier wird, und zwar infolge der Schlacht- und Viehhofeinrichtungen, eine Reihe von Pseudogebühren erhoben, welche die Schrannengebühr total in den Schatten stellen und den Aufschlag selbst an Höhe erreichen, ja übertreffen. Die obige Tabelle zeigt uns denselben ohne diese Nebengebühren. Sie weist im ganzen in München ein langsames, sehr langsames Steigen auf, das, wie man aus der Vergleichung mit Tab. III sieht, ganz ausser Verhältnis zur Bevölkerungszunahme steht; in Nürnberg ist seit Ende der 80er Jahre eine gewisse Stagnation nicht zu verkennen, Augsburg, Würzburg, Fürth, Regensburg und Bamberg zeigen eher eine abnehmende als eine wachsende Tendenz des Ertrags. Allen Städten gemeinsam ist die auffallende Thatsache, dass die Jahre 1888 und 1893 ganz abnorme Maxima repräsentieren, während 1890 ein tiefes Minimum bildet.

Der Fleischaufschlag hat also mit dem Mehlaufschlag die Eigenschaft einer relativ abnehmenden Ergiebigkeit gemein. Dieses Faktum erhellt am deutlichsten wieder aus den Kopfquoten der Besteuerung, die freilich an den schon früher erwähnten Mängeln leiden.

Tab. XIII.

Ertrag des Fleischaufschlags pro Kopf der Bevölkerung in M.

in	1884	1885	1886	1887	1888	1889	1890
München . . .	0,72	0,74	0,74	0,72	0,81	0,76	0,69
Nürnberg .	1,06	1,07	1,05	1,03	1,11	1,03	0,93
Augsburg .	0,79	0,78	0,82	0,82	0,85	0,82	0,72
Würzburg	—	1,58	1,57	1,59	1,68	1,59	1,50
Fürth . .	—	0,62	0,60	0,60	0,66	0,61	0,56
Regensburg .	1,03	1,02	0,99	0,99	1,07	1,03	0,95
Bamberg . .	1,15	1,20	1,15	1,15	1,23	1,15	1,09

in	1891	1892	1893	1894	1895
München . . .	0,68	0,66	0,68	0,65	0,65
Nürnberg .	0,94	0,90	0,96	0,89	0,92
Augsburg .	0,77	0,72	0,74	0,67	0,70
Würzburg .	1,49	1,52	1,62	1,43	1,43
Fürth	0,56	0,54	0,59	0,52	0,56
Regensburg . . .	0,96	0,95	1,02	0,95	0,94
Bamberg	1,12	1,13	1,18	1,00	1,01

Wir sehen hier, dass in München das Ergebnis, welches sich vor 1889 immer über 70 Pf. gehalten, ja 1888 sogar 80 Pf. überschritten hatte, seit dieser Zeit progressiv gefallen ist und nicht einmal im besten Jahre 1893 über die

Zahl 68 hinausging. Genau so beobachten wir in Nürnberg bis 1889 einen Durchschnittsertrag von 1,06 M. (1888 sogar 1,11 M.), seit 1890 aber bewegt sich die Quote um 90 Pf. herum und ist auch 1893 noch um 10% hinter jenem Durchschnitt zurückgeblieben. In Augsburg bis 1889 ca. 0,81 M. im Durchschnitt betrug der Fleischaufschlag 1890—95 nur noch 72 Pf. und die letzten Jahre sind die schlimmsten. In Würzburg ist der Kopfertrag in denselben Zeiträumen um etwa 10 Pf. — 1894 und 1895 noch weit tiefer —, in Fürth um ca. 6 Pf. = 11%, in Regensburg um denselben Betrag gefallen; in Bamberg ist eine noch grössere Minderung eingetreten, und überall finden wir, dass die letzten Jahre die niedrigsten Zahlen ergeben. Die Differenz der Zeiträume wird besonders durch den Umstand markiert, dass das Jahr 1893, das Maximum der zweiten Periode, weit hinter 1888, dem Maximum der ersten, zurückbleibt.

An und für sich sind die Quoten in München, Augsburg und Fürth ziemlich niedrig, in Nürnberg, Regensburg und Bamberg etwas höher; nur in Würzburg kommen sie beinahe dem Mehlaufschlag gleich.

Dieses Bild bekommt aber in einigen Städten einen ganz anderen Charakter, wenn man statt des Fleischaufschlags allein die effektive Belastung des Fleisches berechnet, welche im wesentlichen durch die Existenz der städtischen Vieh- und Schlachthöfe erhöht wird. Solche Höfe bestehen in fünf der behandelten Städte. Sie dienen den Zwecken der Fleischapprovisionierung in ausgedehntem Masse. Ihre Aufgabe ist einerseits, den Verkehr zwischen Produzenten, Händlern und Konsumenten des Viehs als Zentralstellen des Viehhandels und -transports zu erleichtern und denselben der Aufsicht der sanitätspolizeilichen Organe erreichbar zu machen — dies liegt besonders dem Viehhof ob —, andrerseits zu ermöglichen, dass die Schlachtungen, die in einer Stadt geschehen, alle an demselben Ort unter Beobachtung aller sanitären und humanitären Vorschriften vor sich gehen, welche die moderne Tierpolizei für notwendig erachtet. In der Hauptsache sind es also nicht privatwirtschaftliche Zwecke, welche diese Einrichtungen verfolgen, sondern solche des Gemeinwohls. Nun wird aber bei der Benützung dieser Räume und zwar für jede einzelne Einrichtung eine Vergütung erhoben, welche man als Gebühr bezeichnet. Ueber diese Art von Gebühren sagt Reitzenstein folgendes [1]):

„... Der zweite Fall ist bei der Benützung von kommunalen Lagerräumen, Entrepots, Märkten, Markthallen und Schlachthäusern durch die Interessenten vorhanden: auch hier enthält das zu leistende Entgelt in erster Linie einen Mietzins für die Zurdispositionsstellung der betreffenden Räumlichkeiten; häufig indessen besteht das, was die Verwaltung gewährt, nicht allein in der Hergabe des Lokals, sondern auch in mannigfaltigen Arbeitsleistungen und Mühewaltungen des mit der Verwaltung der Anstalten betrauten Personals; es gehören hierher die von den Bediensteten der ..... Schlachthöfe geleisteten Reinigungs-, Bewachungs-, Aufsichtskontrolldienste, Hilfsleistungen u. s. w.; in Anbetracht, dass diese Leistungen regelmässig auf Veranstaltungen der Verwaltung zurückzuführen sind, tragen daher die Entgelte, insoweit sie eine Vergütung für dieselben enthalten, zugleich den Charakter der Gebühr. Da die Interessenten eine Gelegenheit, sich anderer als der im Gemeindeeigentum be-

---

[1]) Schönberg III, 609.

findlichen, bezüglichen Anstalten zu bedienen in der Regel nicht haben, so besteht für die Gemeinden häufig die Möglichkeit, die erhobenen Entgelte über den Mietswert der zur Verfügung gestellten Räumlichkeit und den Wert der Arbeitsleistungen hinauszusteigern: in solchem Fall nähert sich der Effekt dem einer Besteuerung des Handelsverkehrs oder des Konsums."

Diese Unterscheidung zwischen zwei Teilen jener Gebühren ist in vollstem Masse berechtigt, ja sie bedarf sogar noch einer Erweiterung. Wenn nämlich, wie oben gesagt, die Schlacht- und Viehhöfe vorzugsweise gemeinwirtschaftlichen Zwecken dienen, so ist auch jeder Aufwand, der über das privatwirtschaftlich Notwendige und Zweckmässige hinaus gemacht wird, auch wenn er an und für sich den Gegenwert der dafür bezahlten „Gebühr" darstellt, doch als eine Belastung des Spezialartikels zu Gunsten der gemeinen Lasten zu betrachten, denn ohne die genannten Einrichtungen wäre er nicht gemacht worden. So nützlich und wünschenswert daher die Schlachthöfe sein mögen — für den Verkehr stellen sie, wo sie existieren, eine Belastung dar, die einem grossen Teil ihrer Gebühreneinnahmen entspricht und an Orten, die solche Institute nicht besitzen, wegfällt. An dieser Stelle soll die Gesamtbelastung des Fleisches ermittelt werden; wir dürfen also keine Rücksicht auf den gemeinen Nutzen der Schlacht- und Viehhöfe nehmen.

Speziell ist anzunehmen, dass eine Nettoeinnahme der letzteren, wo sie konstatiert werden kann, rein als Steuer zu betrachten ist. Das folgt schon aus den oben citierten Worten Reitzensteins. In den vorliegenden Nachweisen ist jedoch dieser Punkt meist etwas stiefmütterlich behandelt. Wenn man daher einen ungefähren Anhaltspunkt gewinnen will, wie weit die Einnahmen der Vieh- und Schlachthöfe als Konsumbesteuerung zu betrachten sind, muss man ausserdem noch die einzelnen Gebühren ausscheiden und ihren Ertrag berechnen.

Im grössten Etablissement des Königreichs, im Münchener, erhebt man offiziell im Viehhof: Marktgebühr, Einbringgebühr, Einstellgebühr, Futtergebühr; im Schlachthof: Schlachtgebühr, Brühgebühr, Waggebühr, Ladegebühr, Schleifgebühr, Einstellgebühr, Plombierungsgebühr, Gebühr für die Fleischbeförderung vom Schlachthof zur Freibank, Gebühr für die Aussiedung schwach finnigen Schweinefleisches; sonst figurieren im Etat noch Mieten, Verkaufserlöse, sonstige Einnahmen. Ein Teil dieser Gebühren, wie Bade- und Schleifgebühr, kommt praktisch gar nicht oder nur in sehr geringen Beträgen vor. Die Futtergebühren finden eine entsprechende Gegenleistung im gelieferten Futtermaterial. Die Brühgebühren werden für die Lieferung heissen Wassers erhoben. Für die Markt-, Einbring-, Einstell-, Schlachtgebühr wird lediglich die Benützung der Anstaltsräume gestattet. Es dürfte daher gerechtfertigt sein, wenn man den Teil der Einnahme, welcher aus letzteren Gebühren besteht, als approximativen Massstab der Belastung benützt, die durch den Schlacht- und Viehhof dem Fleischkonsum erwächst. Da übrigens der Viehhof nicht ausschliesslich für den örtlichen Verbrauch arbeitet, so mag auch ein Teil seiner Einkünfte auf Auswärtige fallen.

Nimmt man nun ein normales Jahr, z. B. 1894, berechnet die vier letztgenannten Gebühren und schlägt den als Steuer wirkenden Teil auf etwa 80% der Summe an, so wird man aus dem Verhältnis zum Bruttoertrag einen solchen Massstab gewinnen.

Es wurden 1894 eingenommen:

Marktgebühr	M.	200,535.65
Einbringgebühr	„	2,881.10
Einstellgebühr	„	91,871.62
Schlachtgebühr		380,060.30
Summe	M.	675,348.67

hieraus 80 % = 540,319 M. sind = 56 % der Bruttoeinnahme zu 959,777.43 M. Um sicherer zu gehen, wollen wir aber nur die Hälfte der Bruttoeinnahme als steuerartig wirkend in Anschlag bringen.

So ergibt sich folgende Tabelle, bei deren Betrachtung man allerdings nicht vergessen darf, dass sie in ziemlich willkürlicher Weise gewonnen wurde[1]).

Tab. XIV.

Die Hälfte der Bruttoeinnahmen des Schlacht- und Viehhofs betrug M.

in	1884	1885	1886	1887	1888	1889
München	310,811	345,832	342,564	357,039	412,841	390,881
Nürnberg (bis 1891 nur Viehhof)	35,045	36,865	33,496	35,161	39,673	40,228
Würzburg . . .	18,823	19,789	19,729	20,593	22,406	21,415
Fürth	17,260	18,046	18,185	19,074	21,523	20,668
Regensburg	—	—	—	—	21,418	38,602

in	1890	1891	1892	1893	1894	1895
München	367,972	412,151	427,604	492,161	479,889	—
Nürnberg (bis 1891 nur Viehhof)	40,639	80,962	155,739	178,784	223,804	—

---

[1]) Allerdings muss diese Art der Berechnung für durchaus unzulässig erachtet werden, wie an einem Beispiel gezeigt werden mag. In Würzburg ergab der Vieh- und Schlachthof 1895:

Einnahmen:		Ausgaben:	
a) Schlachthof:	M.	Personalexigenz	14,138.65
Schlachtgebühren	35,184.64	Realexigenz	9,374.45
Beschaugebühren	2,813.37	Unterhaltung der Gebäude . .	3,221.55
Stallgebühren	589.50	Summe der Ausgaben	26,734.65
Lokalmiete	60.—	Summe der Einnahmen . . .	46,217.80
Desinfektionsgebühren . . .	3.—	Einnahmeüberschuss	19,483.15
Anschlag der Dienstwohnungen	1,267.50		
	39,918.01		
b) Viehhof:			
Stallgebühren	1,644.80		
Hürdengebühren	632.64		
Viehmarktgeld	3,381.75		
Dungverkauf	408.—		
Sonstiges	232.60		
	6,299.79		
Vieh- und Schlachthof	46,217.80		

Der Einnahmeüberschuss von 19,483.15 M. ergibt bei einem Baukostenaufwand von 555,450 M. für den Vieh- und Schlachthof eine Rente von 3,5 %. In dieser Rente wird man kaum eine Steuer finden können; die Metzger hätten ohne Schlacht- und Viehhof doch auch Schlachtlokalitäten u. s. w. haben müssen; die Rente ist nichts als ein mässiges Entgelt für den Mietswert der zur Verfügung gestellten Räumlichkeit.   D. H.

in	1890	1891	1892	1893	1894	1895
Würzburg ..	20,294	21,475	22,965	24,497	22,417	23,109
Fürth ..	20,017	23,068	25,354	26,840	27,759	26,365
Regensburg	34,570	37,726	37,580	45,743	41,134	41,995

Schlacht- und Viehhof trugen netto M.

in	1884	1885	1886	1887	1888	1889	1890
München ..	80,710	101,535	120,537	121,157	189,254	121,562	104,327
Fürth ...	12,300	14,300	13,700	15,300	17,600	19,100	14,100
Regensburg .	—	—	—	—	21,185	37,602	26,700

in	1891	1892	1893	1894	1895
München ..	157,354	161,216	218,589	148,812	—
Fürth	12,100	13,000	16,000	2,500	5700
Regensburg ..	35,245	31,092	22,276	30,261	—

Diese Summen übertreffen in München den Fleischaufschlag bei weitem, in den letzten Jahren kommen sie in Nürnberg, Fürth und Regensburg demselben gleich. Zu den Kopfquoten des Fleischaufschlags sind also folgende hinzuzurechnen, wenn die gesamte Fleischbesteuerung gesucht ist:

Tab. XV.

Von dem halben Ertrag des Schlacht- und Viehhofs treffen auf den Kopf der Bevölkerung (gemäss vorstehender Berechnung) M.

in	1885	1886	1887	1888	1889	1890
München ...	1,34	1,28	1,27	1,41	1,28	1,11
Nürnberg ...	0,32	0,28	0,28	0,31	0,30	0,28
Würzburg ...	0,36	0,35	0,36	0,38	0,36	0,33
Fürth	0,52	0,49	0,49	0,54	0,50	0,46
Regensburg ...	—	—	—	0,58	1,03	0,91

in	1891	1892	1893	1894	1895
München ..	1,15	1,15	1,28	1,22	—
Nürnberg ..	0,56	1,05	1,17	1,43	—
Würzburg .	0,34	0,36	0,37	0,33	0,34
Fürth ...	0,52	0,57	0,59	0,60	0,56
Regensburg .	0,98	0,95	1,14	1,01	1,01

In ihren Schwankungen zeigen diese Ziffern ein ähnliches Bild wie der Fleischaufschlag selbst.

Dem oben konstatierten Faktum der relativen Abnahme des Ertrags der Fleischbesteuerung muss eine entsprechende Abnahme des Fleischkonsums parallel gehen. Wenn schon die Berechnung des Mehlkonsums einer Stadt auf erhebliche Schwierigkeiten stösst, sobald man einige Genauigkeit verlangt, so ist eine Kalkulation des Fleischverbrauchs erst recht von Uebel. Man muss da für alle geschlachteten resp. versteuerten Tiere einer Gattung ein gewisses Durchschnittsgewicht zu Grund legen. Aber je nach dem Stand der Futterernte, den Preisverhältnissen im In- und Ausland und anderen Umständen dieser Art wechselt die Qualität und damit das wirkliche Gewicht der Tiere, und man ist somit mehr als sonst bei der Verwendung von Durchschnittszahlen der Gefahr eines Fehlers ausgesetzt. Darum sind die Verbrauchsquoten mit einiger Reserve aufzunehmen. Dieselben beruhen teils auf den Angaben der Magistrate[1]), teils städtischer Medizinalbeamter resp. des statistischen Amtes.

Tab. XVI.

Fleischverbrauch (aller Sorten ausser Pferdefleisch) pro Kopf der Bevölkerung in Pfd. (500 g)

in	1884	1885	1886	1887	1888	1889	1890
München . .	176	180	180	176	198	187	167
Nürnberg .	155	151	157,5	144,4	158	149	140
Augsburg .	138	139	138	142,5	152	149	128,5
Würzburg .	154	158	158	160	172	162	150
Fürth . . .	122	120	116	115	127	119	109
Bamberg . .	142	150,4	156	156	160,6	146	159

in	1891	1892	1893	1894	1895
München . .	165	157	165	—	—
Nürnberg .	129	127	132	127	128,5
Augsburg .	131	120,4	129	120	119
Würzburg .	150	155	167	148	—
Fürth . .	109	105	123	101	109
Bamberg .	157	160,4	164	141	146

Wenn man dieser Uebersicht die Eigenschaft zubilligt, den relativen Fleischverbrauch annähernd richtig anzugeben, so liegt es nahe, dieselbe mit den Ergebnissen ähnlicher Berechnungen in anderen Gegenden zu vergleichen. Ueberall eine solche richtige Kalkulation vorausgesetzt, müsste man den Verbrauch in den bayrischen Städten für einen recht hohen erklären, denn nach dem Gerlachschen Artikel im Hdwb. d. St. betrug z. B. 1889 der relative Fleischverbrauch

in Gnesen	Aachen	Koblenz	Breslau	Köln
Pfd. 102	108	136	94	124

1888 in Stuttgart 136 Pfd.

in Berlin	1884	1885	1886	1887	1888
Pfd.	142	142	148	148	154.

während Gobin denselben für ganz Preussen auf etwa 36 Pfd., für Grossbritannien auf 96 Pfd. schätzt. Dieser Vergleich, der für uns eine verhältnismässig sehr behäbige Lebenshaltung ergibt, steht aber nur auf sehr schwachen Füssen, während eine Komparation der jährlichen Verbrauchszahlen derselben

---

[1]) In Fürth auf Grund interpolierter Einwohnerzahlen rektifiziert vom Verfasser.

Stadt untereinander, welche bei der Gleichmässigkeit der Fehlerquellen wohl viel weniger Zweifel duldet, eher geeignet ist, Missvergnügen als Zufriedenheit zu erregen.

Für München reichen die Nachweise zur Zeit erst bis 1893. Wir finden 1884—87 gewissermassen normale Zahlen, dann ein gewaltiges Anschwellen 1888 und ein noch stärkeres Sinken bis 1892. Das Jahr 1893 zeigt, wie überall, eine Erhöhung. In Nürnberg vor 1888 ebenfalls in einem gewissen Gleichgewicht, fällt der Konsum seitdem beständig, sein Sturz erfährt nur 1893 eine schwache Hemmung. Genau so ging es in Augsburg, ähnlich in Würzburg und Fürth, und auch in Bamberg hat der Konsum in den letzten Jahren nachgelassen, wenn auch die Differenz nicht so auffallend ist wie anderwärts.

Kann man eine Erscheinung für vorübergehend halten, die in solch stetiger Progression nun schon 8 Jahre anhält? Und wie kann man sie erklären? Hier wird nun meines Erachtens mit mehr Recht als beim Mehlverbrauch der Umstand ins Treffen geführt, dass die Zunahme der Städte sich zum grössten Teil aus den ärmsten Klassen rekrutiere und dass durch die Aufnahme von Vororten auf die Konsumziffer gedrückt werde.

In der That, München z. B. erfuhr durch Einverleibungen im Jahr 1890 einen Bevölkerungszuwachs von 23,646 Einwohnern (Schwabing und Neuhausen), und gerade 1890 beginnt die Dekadenz. Auch ist die Konsumquote für Schwabing (1889) bedeutend niedriger als die entsprechende von München. Wenn aber die Einverleibung von Vorstädten so viel ausmachen sollte, woher dann der weitere Rückgang in den folgenden Jahren, wo keine solchen Aufnahmen erfolgten, woher die Abnahme in den übrigen Städten?

Gesetzt nun, der Zuzug bestünde aus lauter Proletariern, vermöchte dieser Umstand einen solchen Sturz des Verbrauchs zu erklären, wie er wirklich vorliegt? Wir müssen zwar annehmen, dass das von den unteren Volksklassen verzehrte Fleischquantum unter dem Durchschnitt liegt, aber gleich Null kann es nicht sein. Nun ist aber der Gesamtertrag des Fleischaufschlags in Nürnberg, Augsburg, Würzburg, Fürth und Bamberg in diesen letzten Jahren gleich geblieben oder sogar gefallen. Hätte sich die Konsumkraft der einheimischen Bevölkerung gleich erhalten und eine Anzahl von minder leistungsfähigen Personen wäre hinzugekommen, so müsste doch wenigstens der absolute Fleischverbrauch gestiegen sein, wenn auch nicht entsprechend der Zahl der Einwohner[1]). Da dies aber nicht der Fall ist, so müssen wir annehmen, dass auch der Durchschnittskonsum der einheimischen Bevölkerung kleiner geworden ist.

---

[1]) Eine Fleischsorte hatte allerdings eine Zunahme zu verzeichnen, die bei den vorstehenden Rechnungen nicht berücksichtigt ist, das Pferdefleisch. Es wurden geschlachtet

in	1886	1887	1888	1889	1890	1891	1892
München	989	962	1103	1424	—	—	1736
Nürnberg	429	445	430	444	457	—	490
Augsburg . . .	207	227	251	243	263	—	278

(nach Neefe II, 119)

in Fürth wurden verbraucht Zentner Pferdefleisch

1884	1885	1886	1887	1888	1889	1890	1891	1892	1893	1894	1895
1972	1772	1672	1736	1772	1896	1892	2192	2332	2676	2216	2252

(Magistrat)

Die Abnormität der absoluten Höhe der Münchener Ziffern erklärt sich leicht aus dem Umstand, dass München, das ja schon an und für sich als Hauptstadt des Landes einen Konzentrationspunkt des Reichtums bildet, alljährlich einen Fremdenverkehr aufweist, wie er in anderen bayrischen Städten auch relativ unerhört ist. Dieser Strom ist wohl im stande, die Höhe der Verbrauchsquoten zu alterieren. Wir haben jedoch gar keinen Anhaltspunkt dafür, dass etwa eine Minderung dieses Verkehrs eingetreten sei und ungünstig auf den Konsum gewirkt habe, obwohl man schon versucht hat, eine Erklärung des Rückgangs in dieser Weise zu geben. Denn wenn dem so wäre, dann müsste man es als höchst merkwürdigen Zufall betrachten, dass trotzdem der Einfluss der Preisverhältnisse und der Konjunktur auf den Konsum noch deutlich erkannt werden könnte. Und doch ist dem so und zwar nicht nur in München. Das mögen folgende Tabellen zeigen.

Tab. XVII.

Fleischpreise und Fleischverbrauch in München.

Jahr	Ochsenfleisch	Kalbfleisch	Schaffleisch	Schweinefleisch	Relativer Fleischverbrauch in Pfd.
	per kg in Pfennig				
1884	140	110	100	140	176
1885	140	110	100	140	180
1886	140	112	100	140	180
1887	140	116	100	140	176
1888	140	115	106	140	198
1889	140	122	111	148	187
1890	140	136	122	160	167
1891	145	144	129	160	165
1892	146	147	126	156	157
1893	140	136	—	152	165

Tab. XVIII.

Fleischpreise und Fleischverbrauch in Nürnberg.

Jahr	Mastochsenfleisch	Rindfleisch	Kalbfleisch	Lamm- oder Hammelfleisch	Schweinefleisch	Relativer Verbrauch in Pfd.
	per Pfd. in Pf.					
1884	65	60	52	57	61	155
1885	67	65	51	56	60	151
1886	67	56	53	55	62	157,5
1887	66	57	55	57	62	144,4
1888	62	54	54	58	60	158
1889	69	59	58	59	64	149
1890	71	60	65	63	69	140
1891	71	64	64	64	68	129
1892	70	59	64	64	69	127
1893	62	54	59	60	66	132
1894	68	60	63	66	69	127

Tab. XIX.

Fleischpreise und Fleischverbrauch in Augsburg.

Jahr	Hammel-fleisch	Kalb-fleisch	Kuh- (Rind-) fleisch	Ochsen-fleisch	Schweine-fleisch	Relativer Fleischverbrauch in Pfd.
			per Pfd. in Pf.			
1884	60	56	50	66	66	138
1885	55	58	52	66	66	139
1886	60	58	52	66	66	138
1887	58	55	52	66	66	142,5
1888	60	60	52	65	65	152
1889	60	60	55	66	70	149
1890	60	62	56	68	72	128,5
1891	56	60	55	68	70	131
1892	50	55	55	68	70	120,4
1893	50	55	50	68	70	129
1894	50	65	58	68	70	120
1895	50	64	56	68	64	119

Tab. XX.

Fleischpreise*) und Fleischverbrauch in Würzburg.

	1884	1885	1886	1887	1888	1889	1890	1891	1892	1893	1894	1895
Preis pro Pfd. in Pf.	65	63	60	58	56	61	66	67	66	61	69	70
Relat. Fleischverbrauch	154	158	158	160	172	162	150	150	155	167	148	—

*) Es wurde vom Würzburger Magistrat nur ein Einheitspreis angegeben.

Tab. XXI.

Fleischpreise und Fleischverbrauch in Fürth.

Jahr	Rind- (Ochsen-) fleisch	Kuh- (Rind-) fleisch	Hammel-fleisch	Schweine-fleisch	Fleisch-verbrauch in Pfd.
		per Pfd. in Pf.			
1884	65	50	58	64	122
1885	66	50	56	64	120
1886	64	47	54	64	116
1887	64	48	50	64	115
1888	61	45	49	61	127
1889	67	51	56	67	119
1890	70	56	59	70	109
1891	70	55	60	69	109
1892	68	53	54	69	105
1893	63	48	51	68	123

In München herrschte nach Tab. XVII von 1884—87 eine gewisse Stagnation in Preis und Verbrauch. 1888 traf eine Preiserniedrigung des Kalbfleisches (in München die wichtigste Sorte) mit einem allgemeinen geschäftlichen Aufschwung zusammen; es mehrte sich der Konsum; 1889 stiegen die Preise, der Konsum fiel, doch infolge der günstigen Geschäftslage blieb er immerhin noch hoch. 1890 trat eine allgemeine bedeutende Preissteigerung ein, die 1891 und 1892 sich noch verstärkte. Dazu kamen wirtschaftliche Krisen, und nun fiel der Verbrauch rapid. Erst die Futternot des Jahres 1893 brachte einen Preisfall und that damit dem Rückgang Einhalt, ohne aber eine nachhaltige Vermehrung zu stande zu bringen. — Mit denselben Worten könnte man die Uebersicht für Nürnberg beschreiben. Man betrachte den Parallelismus zwischen Preisfall und Verbrauchswachstum 1888, den Gegensatz 1889, dessen Verstärkung 1890 und die folgenden Jahre; auch hier sehen wir 1893 eine Zunahme des Konsums infolge des Preisrückgangs und 1894 die Reaktion in beiden Beziehungen. Ganz ebenso bewegt sich die Skala in Augsburg, nur finden wir hier die Abnormität, dass 1895 trotz weichender Preise der Verbrauch gefallen ist. Genau dieselben Erscheinungen sind in Würzburg und Fürth zu konstatieren.

Zur Erklärung der besonderen Preisverhältnisse in den Jahren 1888, 1890 und 1893 möge dienen, dass 1888 und 1893 die Landwirte Bayerns infolge der schlechten Futterernten gezwungen waren, alles Vieh zu verkaufen, dessen Ueberwinterung durch Mangel an Futtervorräten unmöglich gemacht wurde. Die hierdurch bewirkte Ueberfüllung des Marktes drückte die Preise. Im Jahre 1890 wurde der Viehimport durch ausgedehnte Grenzsperren gegen die Ostländer behindert, so dass ein Mangel an Schlachtvieh entstand.

Das prompte Zusammenklappen der Preisschwankungen im Gross- und Kleinhandel dürfte auch geeignet sein, eine vielfach verbreitete Meinung von dem unverhältnismässigen Einfluss des Metzgergewerbes auf den Fleischpreis zu widerlegen. Man behauptet nämlich oft, die Metzger, die ja überall in Bayern gut organisiert sind, benützten ihren Innungsverband, um nach Art eines Ringes die Preise hochzuhalten. Diese Ansicht ist sehr alt, gründet sich aber mehr auf Vermutung als auf positive Anhaltspunkte, die auch bei der Natur dieses Gewerbes schwer zu gewinnen wären. Trotzdem hat man schon von Versuchen der Selbsthilfe gehört, die aber meines Wissens noch nirgends zu lebensfähigen Unternehmungen geführt haben. Wenn das oben konstatierte Faktum nicht plausibel genug wäre, jene Meinung umzustossen, solange sie nicht auf besserem Grund fundiert ist, so mag vielleicht ausserdem der Umstand dagegen sprechen, dass im Durchschnitt der Jahre 1881—90 in München nur 2,55 % des verbrauchten Fleisches geschlachtet eingeführt wurden, während es doch nahe gelegen wäre, einem Metzgerring durch das Mittel des Imports zu begegnen. Eine will-kürliche Fleischverteuerung ist also unwahrscheinlich.

Anderseits müssen wir dagegen annehmen, dass es dem Schlächtergewerbe gelingt, die Fleischbesteuerung überzuwälzen und zwar auf das fleischessende Publikum. Denn da der Schlächter mit den Nebenprodukten, wie Häuten, Talg u. s. w., nicht allein für den lokalen Markt arbeitet, kann er auch eine Preiserhöhung, die seine auswärtige Konkurrenz nicht trifft, hier nicht leicht ersetzt bekommen.

In den Jahren 1885—94 wurden pro Kopf der Bevölkerung in München durchschnittlich 71,3 Pf. Fleischaufschlag bezahlt, ferner wurden zur gleichen Zeit 1,25 M. Fleischsteuer unter dem Namen von Gebühren entrichtet, das ist in Summa 1,96 M. Dies entspricht bei einem Verbrauch von 176 Pfd. einer Belastung von ca. 1,12 Pf. pro Pfund = 2 % des Preises.

In Nürnberg haben wir seit 1892 eine Gesamtdurchschnittsbelastung von 2,14 M., in Augsburg 1884—95 von 0,77 M., in Würzburg 1885—94 1,91 M., in Fürth 1885—95 von 1,11 M., in Regensburg seit 1889 von 2 M., in Bamberg 1884—95 von 1,13 M. Auf dem Fleischkonsum einer fünfköpfigen Familie liegt also in Nürnberg eine Steuer von 10,70 M., in München, Regensburg, Würzburg nicht viel weniger[1]).

Mit dieser schweren Schlachtsteuer stehen die bayrischen Städte allerdings nicht allein: die elsass-lothringischen, hessischen und sächsischen Gemeinden machen ihnen hierin den Rang streitig; auch viele preussische Städte erheben ähnliche Steuern, doch hat das Kommunalabgabengesetz vom 14. Juli 1893 (§ 14) einer weiteren Ausdehnung vorgebeugt. Es gab freilich auch zu denken, dass z. B. Breslau, welches 1890/91 4,12 M. pro Kopf der Bev. an Schlachtsteuer erhob[2]), in jenem Jahr einen Fleischverbrauch von nur 42 kg pro Kopf der Bev. hatte.

Wir sehen also auch hier wieder, dass eine Kommunalsteuer einen im Rückgang begriffenen Konsum in einer bei der Preisbildung ins Gewicht fallenden Höhe trifft. Wenn dies schon finanziell sehr unzweckmässig ist, weil bei den wachsenden Aufgaben und Ausgaben der Kommunen auch die Einnahmequellen wachsen sollten, so wird es geradezu bedauerlich durch den Umstand, dass das Objekt der Steuer ein Nahrungsmittel ist, dessen Verzehrung man in unseren Breiten nicht nur als unentbehrlich zur Erhaltung des Körpers, sondern auch als Grundlage der physischen Volkskraft und Gesundheit, als Gradmesser des Wohlstands bezeichnen muss.

Bei der heutigen Lage der Landwirtschaft ist dieselbe speziell auch in Bayern mehr darauf angewiesen, Produkte zu liefern, die der heimische Markt leicht aufnimmt, denn bekanntlich erleidet sie in der Kornproduktion zur Zeit eine unerträgliche Konkurrenz östlicher und überseeischer Länder. Zu diesen Produkten sind vorzugsweise diejenigen der Viehzucht zu rechnen. Für das Schlachtvieh sind die Städte das Hauptabsatzgebiet. Wenn nun eine Besteuerung existiert, die zur Schwächung der Aufnahmefähigkeit dieses Gebiets beiträgt, so liegt hierin indirekt auch eine Schädigung der viehzüchtenden Landwirte. Ihre Zucht erhält nicht die Erweiterung, die sie an sich erreichen könnte, und eintretende Krisen, wie z. B. die schon erwähnten Futterkalamitäten, finden sie technisch und pekuniär weniger widerstandsfähig. Die Landwirtschaft hat also, wenn irgend eines, das Interesse, die Abschaffung dieser Fleischbesteuerung zu wünschen.

Im vorstehenden sind die praktischen Bedenken aufgeführt, welche der

---

[1]) Bezüglich der ganz ähnlichen Besteuerung in Sachsen sagt Neumann (Zur Gemeindesteuerreform in Deutschland S. 116): „Dass solche Steuern nun auf den Preis keinen Einfluss haben, wird freilich behauptet, ist aber meines Dafürhaltens zu bestreiten und jedenfalls nach anderen Orts, z. B. mit der preussischen Schlachtsteuer, gemachten Erfahrungen unwahrscheinlich."

[2]) Anl. z. Denkschr. II, 829.

Mehl- und Fleischbesteuerung entgegenstehen. Ihre theoretische Taxierung wird zweckmässig weiter unten bei der Zusammenfassung der verschiedenen Resultate vorzunehmen sein.

Hier ist zum Schluss noch einer kleinen Ergänzungssteuer des Fleischaufschlags zu gedenken, des Wildbretaufschlags. Derselbe kommt in München, Nürnberg, Würzburg und Fürth zur Erhebung. Er liefert im ganzen so geringe Erträge, dass seine Rolle im Budget ganz ohne Bedeutung ist, doch ist er der Vollständigkeit halber kurz zu behandeln.

Tab. XXII.

Einnahmen aus dem Wildbretaufschlag
(brutto nach Abzug der Rückvergütungen) M.

in	1884	1885	1886	1887	1888	1889	1890
München	11,659	11,059	10,396	14,909	14,663	15,614	17,112
Nürnberg	5,221	5,484	5,168	5,495	4,842	5,392	6,111
Würzburg	2,527	2,512	2,497	2,768	1,922	2,869	2,729
Fürth	554	536	529	589	564	705	682

in	1891	1892	1893	1894	1895
München	14,291	16,945	21,061	22,623	23,229
Nürnberg	5,852	6,455	6,939	6,962	5,701
Würzburg	2,758	3,421	3,528	3,346	—
Fürth	601	636	738	740	680

Wie man aus vorstehender Tafel sieht, ist dieser Aufschlag in seinem Ertrag im wesentlichen gestiegen. Da das Wildbret sogar für die reicheren Klassen ein Luxusartikel ist, so bleibt es für das Wohl und Wehe der breiten Masse ganz gleichgültig, ob seine Verzehrung wächst oder sinkt, ob sie stark, wenig oder gar nicht besteuert wird. Die Zunahme des Aufschlags, dessen Sätze übrigens recht wohl einer Erhöhung fähig wären, beweist daher nichts gegen den bisher supponierten wirtschaftlichen Rückgang.

3. Der Lokal-Malz- und Bieraufschlag.

Der Malzaufschlag ist für die Finanzen der bayrischen Gemeinden von allen indirekten Steuern bei weitem die wichtigste.

Bekanntlich existiert in Bayern eine staatliche Bierbesteuerung, die sich von der Brausteuergemeinschaft wesentlich unterscheidet. Es wird für den Hektoliter des zur Bierbereitung bestimmten Malzes, wenn es zum Brechen auf die Mühle kommt, ein staatliches Gefälle von 6 M. erhoben. Brauereien mit einem Verbrauch bis 6000 hl Malz zahlen für die ersten 2000 nur 5 M. pro Hektoliter. In Brauereien, welche mehr als 10,000 hl Malz jährlich verbrauen, ist dagegen ein Zuschlag zu dem Normalsatz von 6 M. für die weiteren 30,000 hl mit je 25 Pf. und für jedes Malzquantum über 40,000 hl mit je 50 Pf. vom Hektoliter zu entrichten.

Wenn eine Gemeinde den Lokalmalzaufschlag einführen will, bedarf sie der allerhöchsten Genehmigung. Es kann ihr ein Aufschlag von 1 M. pro Hektoliter Malz und 66 Pf. vom Hektoliter, 1 Pf. vom Liter eingeführten Biers („einfacher Aufschlag") bis zu 1,95 M. vom Hektoliter Malz oder 1,31 M. vom Hektoliter oder 3 Pf. für 2 l eingeführten Biers („doppelter Aufschlag") bewilligt werden. Die Erhebung erfolgt gleichzeitig mit den Staatsgefällen durch Staatsbeamte. Die Gemeinden haben Averse dafür zu entrichten, deren Höhe durch Ministerialentschliessung festgesetzt ist. Die Kosten sind durch dieses Verfahren auf eine Kleinigkeit reduziert.

Die Rückvergütungen sind im Verordnungsweg bestimmt. München, Augsburg und Regensburg erheben den doppelten, Fürth den einfachen Aufschlag, Nürnberg, Würzburg und Bamberg 1,29 M. vom Hektoliter Malz.

Die folgende Tabelle lässt die grosse Bedeutung dieser Steuer im Gemeindehaushalt erkennen.

Tab. XXIII.

Einnahmen aus dem Malz- und Bieraufschlag
(brutto nach Abzug der Rückvergütungen) M.

in	1884	1885	1886	1887	1888	1889
München .	1,091,713	1,237,222	1,286,378	1,418,497	1,518,262	1,634,127
Nürnberg .	242,106	246,423	246,821	264,620	268,756	289,691
Augsburg .	296,383	295,293	309,857	329,149	321,047	333,224
Würzburg	125,125	133,530	140,241	163,085	155,513	162,568
Fürth . . .	42,312	44,307	44,132	50,228	50,948	55,909
Regensburg .	137,302	145,400	143,380	147,888	142,547	142,955
Bamberg . .	61,743	65,587	73,019	76,943	78,836	80,570

in	1890	1891	1892	1893	1894	1895
München . .	1,492,128	1,531,074	1,599,476	1,621,199	1,579,502	1,593,161
Nürnberg . .	285,497	287,828	287,773	287,354	273,469	295,995
Augsburg .	338,280	333,815	330,010	331,822	327,331	335,400
Würzburg	162,916	164,438	165,226	169,244	169,402	178,608
Fürth . .	57,036	49,818	48,658	49,379	49,818	51,673
Regensburg .	147,545	143,294	144,993	147,202	140,772	150,089
Bamberg . .	82,086	79,001	79,255	69,097	71,513	75,137

Der Ertrag bildete 1894 in München 17,6 %, in Nürnberg 9,7 %, in Augsburg 20,6 %, in Würzburg 18,5 %, in Fürth 8 %, in Regensburg 22,7 %, in Bamberg 14,4 % des Gesamtsteuerertrags.

Nach dem Vorausgegangenen kann es nicht wunder nehmen, wenn auch der Malzaufschlag relativ zurückgeht. Denn wenn anders der Schluss richtig ist, dass die ökonomische Lage überhaupt sich verschlechtert habe, so muss dieses Faktum auch im verminderten Ertrag der Biersteuer sich zeigen. Deutlicher als aus obiger Tabelle wird das aus folgender Uebersicht hervorgehen.

Tab. XXIV.
Einnahmen aus dem Malz- und Bieraufschlag
pro Kopf der Bevölkerung in M.

in	1884	1885	1886	1887	1888	1889	1890
München	4,33	4,78	4,80	5,07	5,18	5,34	4,52
Nürnberg	2,13	2,14	2,09	2,15	2,08	2,16	1,99
Augsburg	4,64	4,47	4,66	4,90	4,72	4,86	4,50
Würzburg	2,45	2,43	2,49	2,83	2,65	2,71	2,67
Fürth	—	1,25	1,19	1,30	1,27	1,34	1,32
Regensburg	3,92	4,03	3,92	4,02	3,83	3,80	3,89
Bamberg	2,01	2,08	2,25	2,32	2,31	2,30	2,29

in	1891	1892	1893	1894	1895
München	4,29	4,29	4,21	4,02	3,91
Nürnberg	1,93	1,93	1,88	1,75	1,82
Augsburg	4,40	4,23	4,10	4,04	4,13
Würzburg	2,63	2,58	2,58	2,52	2,60
Fürth	1,13	1,09	1,09	1,08	1,11
Regensburg	3,71	3,75	3,76	3,45	3,54
Bamberg	2,17	2,44	1,83	1,84	1,93

Fast überall finden wir hier 1889 einen Höhepunkt, von dem aus die Einnahmen in raschem Fall abwärts gehen. Es ist also auch hier klar erkennbar, dass die wirtschaftliche Blüte jenes Jahres wie die Krisen der späteren Epoche sofort auf den Konsum ihren Einfluss übte. Die darauf folgenden Rückschläge sind sehr bedeutend. So besteht z. B. in München zwischen 1889 und 1894 eine Differenz von 1,32 M., in Augsburg von 82 Pf. Das Jahr 1895 zeigt einen schwachen Ansatz zur Besserung.

Sicherer als bei anderen Steuern lässt sich hier der Konsum berechnen. Für das Verhältnis von Malz- und Bierverbrauch muss allerdings eine Schätzungszahl zu Grunde gelegt werden, die in den verschiedenen Städten nicht gleich ist, auf die Relation der Jahre unter sich kann man sich aber ziemlich verlassen. Man berechnet eine Biererzeugung von 2,1—2,5 hl aus einem Hektoliter Malz. Für München hat die Statistik die Verhältniszahl 2,2 angenommen, welche Struve in seiner „Entwicklung des bayrischen Braugewerbes im 19. Jahrhundert" angibt.

Die Verbrauchziffern, welche in Tabelle XXV verzeichnet sind, erreichen eine Höhe, wie sie kaum anderswo gefunden werden kann.

Tab. XXV.
Bierkonsum
pro Kopf der Bevölkerung in l.

in	1884	1885	1886	1887	1888	1889	1890	1891	1892	1893	1894	1895
München	446	483	480	498	505	525	429	416	426	408	—	—
Nürnberg	363	352	344	357	341	357	318	326	319	301	286	302
Augsburg	480	459	486	516	491	504	462	440	431	407	400	400
Würzburg	192	216	216	259	223	239	232	231	226	226	217	—

in	1884	1885	1886	1887	1888	1889	1890	1891	1892	1893	1894	1895
Fürth	. .	238	236	221	239	224	242	226	172	206	202	194,4	195
Bamberg	.	360	360	380	390	380	390	310	330	340	250	306	308
Regensburg					nicht zu ermitteln								

Der Nährwert des Bieres ist sehr gering; trotzdem gilt es in weiten Kreisen als ein Genussmittel, das geeignet sei, die Nahrungsmittel teilweise zu ersetzen und wird, wie bekannt, zu jeder Tageszeit von fast allen Altersklassen mit Vorliebe konsumiert. Aus der Tabelle geht hervor, dass der Bierverbrauch **gleichzeitig** mit dem Mehl- und Fleischverbrauch gesunken ist. Dies zeigt einmal, dass man de facto nicht gesucht hat, den geringeren Verbrauch an jenen Nahrungsmitteln durch stärkeren Bierkonsum zu ersetzen, dann aber, dass die Rückgänge im Verbrauch der Hauptkonsumartikel jedenfalls eine gemeinsame, wichtige Grundursache haben müssen. Für die Schwankungen des Bierkonsums freilich dürfte der Preis des Getränkes kaum verantwortlich sein, da er innerhalb dieser Periode ziemlich stabil war. Umsomehr wird durch die gemachte Wahrnehmung die Wahrscheinlichkeit der Annahme verstärkt, dass die allgemeine wirtschaftliche Lage sich verschlimmert habe. Diese Folgerung ist jedoch die einzige volkswirtschaftlich unangenehme Erkenntnis, die wir aus obiger Uebersicht ziehen können. Denn eine Minderung des Bierverbrauchs muss an und für sich eher für ein Glück denn für das Gegenteil gehalten werden. Wenn man bedenkt, dass die Konsumquoten ebensogut den Säugling wie den erwachsenen Arbeiter umfassen, so muss man aus der Höhe derselben den Schluss ziehen, dass von der produktiven Altersklasse ein Bierquantum konsumiert wird, das weit über den Rahmen des harmlosen Genusses hinausgeht, dessen Verzehrung eher durch das Vorherrschen der Trunksucht als durch das Bedürfnis nach Erquickung erklärt werden kann. Es würde zu weit gehen, hier von den medizinischen und moralischen Konsequenzen dieses übermässigen Bierkonsums zu sprechen — sie sind ja auch jedermann bekannt —, aber auch der Volkswirtschaftler wird die Wirkung des Alkohols nicht gerade rühmen können[1]). Wenn das Minus an Bier nicht durch ein Plus an Schnaps ersetzt, d. h wenn nicht der Teufel durch Beelzebub ausgetrieben worden ist, so haben wir keinen Grund, eine Vermehrung dieses Verbrauchs an sich zu wünschen.

Für die Ermittelung des Branntweinkonsums in den bayrischen Städten haben wir jedoch nur geringe Anhaltspunkte; nur Würzburg erhebt einen Branntweinaccis (1 M. vom Hektoliter Kartoffelsprit, 4 M. vom Hektoliter Fruchtbranntwein). Die Einnahmen hieraus betrugen:

	1884	1885	1886	1887	1888	1889	1890	1891	1892	1893	1894
M.	7648	8252	9202	10,236	8778	8312	9302	10,141	10,919	11,210	11,499
pro Kopf „	—	0,15	0,16	0,18	0,15	0,14	0,15	0,16	0,17	0,17	0,17

Die Einnahme ist somit nur um eine Kleinigkeit gestiegen, um eine Erhöhung, die auch durch Mehrung des Bedarfs zu technischen Zwecken veran-

---

[1]) Ueber Münchener Verhältnisse sagt Tröltsch: „Die in solchem Masse weder vom wirtschaftlichen noch vom gesundheitlichen Standpunkt aus zu billigende Gewöhnung an den Bierkonsum ist zu einer vorzüglichen Quelle der Besteuerung der ansässigen und fluktuierenden Bevölkerung gemacht worden. (Finanzarchiv X, 155.)

lasst sein kann. Zudem ist Würzburg die einzige der hier behandelten Städte, die keine starke Abnahme des Bierkonsums zeigt, und kann füglich nicht zu einer Untersuchung dieser Frage benützt werden, die also hier dahingestellt bleiben muss.

Der Einfluss des **Weinverbrauchs** auf den Bierkonsum ist ohne Bedeutung, da der Wein nur in Würzburg ein **allgemeines** Genussmittel bildet. Hier unterliegt er einer Kommunalsteuer von 3,30 M. pro Hektoliter für Schenkwirte oder 2,80 M. für „Heckenwirte" (Weinbauern, die ihren Eigenbaumost selbst verschänken). Die Stadt löste daraus:

	1884	1885	1886	1887	1888	1889	1890	1891	1892	1893	1894
M.	15,945	16,013	17,224	17,988	20,247	21,743	22,590	23,533	24,907	26,058	27,937
					pro Kopf:						
„	—	0,29	0,31	0,31	0,35	0,36	0,37	0,38	0,39	0,39	0,42

Es ist nicht geraten, aus der wachsenden Einnahme irgend welche Schlüsse zu ziehen, weil der Weinverbrauch durch andere Faktoren bestimmt wird als der Bierverbrauch (Ernte!). Auch ist das Gebiet zu klein, als dass irgend eine Generalisierung gestattet wäre.

Wenn wir als feststehend annehmen, dass ein abnehmender Bierkonsum volkswirtschaftlich nicht nachteilig, sondern eher nützlich ist, so haben wir keine Ursache, von diesem Standpunkt aus eine wenn auch noch so schwere und mit der Staatssteuer kumulierende Lokalbelastung dieses Getränkes zu tadeln. Eine ganze Reihe von Gründen veranlasst uns im Gegenteil, dieselbe als den zweckmässigsten aller Oktrois zu bezeichnen. Denn wenn — hiervon wird noch zu sprechen sein — die grosse Masse, welche der direkten Besteuerung unzugänglich ist, zur Bestreitung der Kommunalausgaben herangezogen werden soll, so geschieht es am besten durch eine Steuer, welche alle Vorzüge der indirekten Besteuerung in sich vereinigt, von den Nachteilen der Nahrungsmittelsteuern dagegen frei ist. Die Biersteuer trifft am stärksten nicht den Familienvater, nicht den Konsum der Schwachen, der Kranken, der Kinder, sondern den des besten produktiven Alters. Aber auch in ihm trifft sie nicht den eigentlichen standard of life, sondern das relativ Entbehrliche. Sie ist in Bayern auch kaum progressiv nach unten, denn alle Klassen teilen die Liebe zum Nationalgetränk in gleichem Masse.

Der Lokalmalzaufschlag trägt meist mehr ein, als die andern Verbrauchssteuern zusammengenommen. Ein Ersatz für ihn wäre entsprechend schwieriger.

Allerdings haben wir auch hier jene Abnahme des relativen Ertrags konstatiert, welche für eine Verbrauchssteuer ungünstig spricht. Was aber bei Steuern auf Fleisch und Brot ein Unglück ist, das kann hier nur als eine finanzielle Unannehmlichkeit betrachtet werden, denn es besteht nicht wie dort eine Parallele zwischen dem Stadtsäckel und dem Magen der Einwohner.

Was das Verhältnis zum Brauereigewerbe betrifft, so schreibt man dem Malzaufschlag überhaupt einen sehr heilsamen Einfluss zu, indem man behauptet, durch diese Steuer sei der bayrische Brauer nicht nur gezwungen, reines Bier zu brauen, sondern auch veranlasst worden, die besten und schwersten Malzqualitäten zu verbrauchen, die eine bessere Ausnützung des Hohlmasses ermöglichen als schlechtere Sorten. Aus der dadurch mit erzielten grösseren Güte des Produkts resultiere sein Ansehen und sein reger Absatz.

Es darf hier nicht übergangen werden, dass der Lokalmalzaufschlag für die Brauer nicht ganz frei von Härten ist. Nach § 83 des Gesetzes wird nämlich der Aufschlag nur bei Ausfuhr des Biers in Gebinden, nicht in Flaschen rückvergütet. In neuerer Zeit hat gerade der Absatz des in städtischen Brauereien erzeugten Biers in Flaschen auf dem Lande so zugenommen, dass sich dies empfindlich fühlbar macht. Die Bestimmung ist eine Ausnahme von dem Grundsatz, dass die Steuer nur die örtliche Verzehrung treffen solle, deren Zweck nicht einzusehen ist. Der bayrische Brauerbund hat schon 1891 deswegen eine Vorstellung an die Regierung gerichtet (Versamml. des Landesaussch. des bayr. Brauerb. v. 22. I. 95).

Die Lokalbesteuerung des Biers ist in Deutschland sehr verbreitet. Wenn meist der Gesamtertrag verhältnismässig niedriger ist als bei uns, so liegt das wohl nicht an der geringeren lokalen Belastung, sondern am schwächeren Konsum, welcher 1893 im Gebiet der Brausteuergemeinschaft 84 l pro Kopf betrug gegen 227 l in ganz Bayern.

4. Der Pflasterzoll, die Marktgebühren u. s. w.

Wenn man wirklich herausbringen will, wie weit die Finanzen bayrischer Städte auf der Verbrauchsbesteuerung beruhen, so ist man genötigt, auch jene Abgabe in den Kreis der Betrachtung zu ziehen, welche seit vielen Jahren unter dem Namen „Pflasterzoll" „für die Benützung städtischer Strassen" erhoben wird. Dieselbe ist finanzwissenschaftlich sehr schwer zu klassifizieren. Im Statist. Jahrbuch deutscher Städte (II. S. 381) lässt sich H. Edelmann über diesen Punkt folgendermassen vernehmen: „Eine andere Schwierigkeit bot dann der Pflasterzoll, der in den süddeutschen Städten zum Teil recht erhebliche Erträgnisse liefert. Eine Abgabe, die bei der Benützung städtischer Strassen und für diese erhoben wird, erscheint auf den ersten Blick unzweifelhaft als Gebühr. Wer aber weiss, in welcher Art dieselbe in Bayern fort- und umgebildet worden ist, der wird zugeben, dass sie dort einen andern Charakter angenommen hat und, wie es auch der Magistrat der Stadt München in seinem Verwaltungsbericht mit klarer und überzeugender Begründung thut, den Steuern zuzurechnen ist." Diese Auffassung hat viel für sich aus Gründen, auf welche weiter unten noch zurückzukommen ist. Dagegen ist es keineswegs immer leicht zu beantworten, einerseits, ob die Leistung auch dem zu gute kommt, der den Pflasterzoll bezahlt, anderseits, ob der Zoll von demselben getragen wird. Sind diese Dinge erledigt, so bleibt immer noch die Kardinalfrage: Wie weit stellt die ermittelte Steuer eine Belastung des städtischen Verbrauchs dar?

Bei der Verschiedenheit der örtlichen Erhebungsmethoden lassen sich diese Dinge nicht generaliter erörtern. Die Entscheidung wird selbst im Einzelfall prekär und anfechtbar sein.

In Nürnberg, Würzburg und Fürth wird ein Pflasterzoll nur für Spannvieh (besonders Pferde) erhoben. Hier wäre die Berechnung einer etwaigen Verbrauchsbesteuerung unendlich erschwert, denn es existieren dafür keinerlei Anhaltspunkte. Diese Orte sind also auszuscheiden.

In München werden nach der Pflasterzollordnung vom 21. März 1876 bei der Einfuhr als Zoll erhoben:

1. An „Viehzoll": für Lämmer, Kitze und Spanferkel je 1 Pf., für Schafe, Ziegen und Frischlinge je 3 Pf., für Kälber, grössere Schweine und für solche Pferde, welche für den Handel bestimmt sind, je 10 Pf., für Rindvieh je 20 Pf.

2. An „gemindertem Zoll": für Milch, Stalldünger, Brennmaterialien, rohes Bau-, Werk- und Nutzholz und andere Rohprodukte und Rohmaterialien je 12 Pf. vom Zugtier oder je 1 Pf. vom Zentner bei der Einfuhr durch die Bahnen.

3. An „allgemeinem Pflasterzoll": für alle übrigen Gegenstände je 90 Pf. vom Zugtier, und je 6 Pf. vom Zentner bei der Einfuhr durch die Bahnen.

Aus diesem Tarif geht zur Evidenz hervor, dass es sich hier weniger um eine Entschädigung für die verursachte Pflasterabnützung als um eine allgemeine Besteuerung der Ein- und Durchfuhr handelt. Der ganze Viehzoll und die beiden anderen Kategorien, soweit sie die Einfuhr von Verbrauchsstoffen treffen, sind als Konsumbelastung zu betrachten.

Im Jahre 1892 wurden am Schlacht- und Viehhof allein 38,636 M. aus aus dem Pflasterzoll gelöst. Ausserdem wurden verzehrt 6,862,000 Zentner Mehl resp. Getreide, auf die per Zentner 6 Pf. (s. Z. 3) treffen = 411,720 M. Für 22,478 Zentner eingeführten Fleisches mussten entsprechend 1348 M. entrichtet werden. Für Fleisch und Mehl wurden also 451,704 M. Pflasterzoll bezahlt. Der Zoll auf Milch, Butter, Eier, Holz und andere Massenkonsumartikel muss hier als nicht einmal annähernd ermittelbar übergangen werden. Die gesamte Einnahme des Jahres 1892 betrug (nach Abzug der Rückvergütung) 733,663 M., von denen 523,848 M. bei den Eisenbahnexpeditionen erhoben wurden. Der grösste Teil wurde also wahrscheinlich von Einheimischen bezahlt, welche die betreffenden Waren bezogen. Die Erhaltung guter Wege und damit die Erleichterung des Verkehrs ist aber nicht einseitig als eine Veranstaltung zu betrachten, die speziell diesen Geschäftsleuten zu gute kommt, sondern sie liegt ebenso sehr im öffentlichen Interesse, und es werden aus ihnen von der gesamten Bevölkerung Vorteile gezogen. Man kann also nicht behaupten, dass z. B., wer einen Zentner Mehl einführt, hierbei gerade einen Nutzen im Wert von 6 Pf. aus den Verkehrseinrichtungen profitiere. Der Nutzen, obwohl an sich feststehend, lässt sich in dieser atomistischen Weise nicht treffen. Wenn anders aber die Gemeindesteuern überhaupt vorwiegend auf dem Prinzip beruhen, dass sie eine Gegenleistung des Besteuerten für die ihm vom Gemeinwesen gewährten Vorteile seien, so muss dieser Pflasterzoll eben auch als eine Kommunalsteuer betrachtet werden, die bei einer besonderen Gelegenheit erhoben wird, und soweit er als Verbrauchsbelastung auftritt, ist er somit den Verbrauchssteuern zuzuzählen.

Die oben berechnete Summe von 451,704 M. ist so gross, dass sie schwerlich von den beteiligten Gewerben getragen werden kann. Wenn die übrige Verbrauchsbesteuerung übergewälzt wird, so wird sie deren Schicksal teilen. Sie stellt über 60% des ganzen Zolles dar. Da 1892 eines der Jahre schwächsten Verbrauches gewesen ist, so dürfte die Voraussetzung, dass ca. 60% des jeweiligen Münchener Pflasterzollertrags durch Konsumstoffe getragen werden, gerechtfertigt erscheinen. Bei dieser Annahme betrug die Konsumbesteuerung durch den Pflasterzoll

	1884	1885	1886	1887	1888	1889
M.	274,217	319,270	340,577	390,330	446,324	479,609
pro Kopf d. Bevölk. „	1,09	1,19	1,27	1,39	1,18	1,57
	1890	1891	1892	1893	1894	1895
„	471,406	441,343	440,198	470,835	477,751	478,114
„ „ „ „ „	1,42	1,24	1,18	1,22	1,22	1,17

In Augsburg hat der Tarif neben den „Anspannstücken" auch noch die Sätze: für ein unangespanntes Stück Rindvieh u. s. w. 10 Pf., für getriebene Schafe, Schweine, Kälber, Ziegen u. s. w. per Stück 3 Pf. (20 Pf. für 15 Stück bei Schaf- und Schweineherden). Die Zufuhr durch die Bahn ist nicht direkt pflasterzollpflichtig.

Nehmen wir schätzungsweise an, dass die Hälfte des Fleischverbrauchs der Stadt durch Zutrieb vom Lande gedeckt wird, so ergibt sich pro 1894 aus dem Zutrieb von Vieh eine Pflasterzolleinnahme von 1521 M., eine Summe, die man allerdings nicht als besondere Verteuerung des Verbrauchs bezeichnen kann. Mehr ist nicht nachzuweisen. Aehnlich minimal ist die ermittelbare Verbrauchsbesteuerung dieser Art in Regensburg und Bamberg.

Endlich ist noch der sog. (Viktualien-)Marktgebühren zu gedenken. Hierunter versteht man die Abgaben, welche bei Benützung der städtischen Märkte behufs Feilhaltung von Waren, besonders von Lebensmitteln, zu entrichten sind. Sie beruhen zum Teil auf sog. Standgeldern, einer Art von Mietzins für den benutzten Platz, zum Teil auf einer Accise, die nach komplizierten Tarifen erhoben wird. Als Beispiel möge der Bamberger Tarif dienen: „Ameiseneier 1 l 1 Pf., Auerhuhn 1 St. 3 Pf., Bäumchen: 1 Dtzd. 3 Pf., Beeren: 1 Tragkorb 2 Pf., 1 Handkorb 1 Pf., Besen: 1 Dtzd. 3 Pf., Birkhuhn: 1 St. 3 Pf., Blumen, Blumenstöcke und Blumenfexer: 1 vollbeladener Wagen 36 Pf., 1 halbbeladener Wagen 18 Pf., 1 Schiebkarren 10 Pf., 1 gr. Korb 6 Pf., 1 kl. Korb 3 Pf., Butter: 1 Pfd. 1 Pf., Eier: das Schock 3 Pf., unter 20 St. 1 Pf., Enten: 1 St. 2 Pf., Feldhuhn: 1 St. 1 Pf., Froschschenkel: 1 Schäffchen 3 Pf., Gans: 1 St. 2 Pf., Geislein: 1 St. 2 Pf., Gemüse: wie Blumen etc., Hasen: 1 St. 2 Pf., Hirsch: 1 St. 18 Pf., Holzwaren: 1 Schubkarren 10 Pf., Honig: 1 l 6 Pf., Hopfenkeime: 1 Geschirr 2 Pf., 1 Korb 4 Pf., Hülsenfrüchte: 1 Säckchen 3 Pf., Huhn: 1 St. 1 Pf., Käse: 1 Schäffchen 2 Pf, Kapaun: 1 St. 3 Pf., Kartoffel: 1 Korb 2 Pf., 1 Sack 3 Pf., Kirschen: 1 gr. Korb 19 Pf., 1 kl. Korb 6 Pf., Körbe für den Quadratmeter Raum 2 Pf., Kraut: 1 Wagen 36 Pf., 1 Schäffchen 3 Pf., Krautköpfe: 1 Korb 2 Pf., Krebse: 1 Schock 6 Pf., Meerrettig: 100 St. 6 Pf., Obst: 1 gr. Korb 12 Pf., 1 kl. Korb 6 Pf., 1 Sack 9 Pf., Pfiffer (Schwämme): 1 gr. Korb 2 Pf., 1 kl. Korb 1 Pf., Piephuhn: 1 St. 3 Pf., Preiselbeeren: 1 Korb 6 Pf., Rechen: 1 Dtzd. 3 Pf., Reh: 1 St. 12 Pf., Rettig: 1 Schubkarren 10 Pf., 1 Korb 6 Pf., Rüben: 1 Wagen 36 Pf., Salat, grüner: 1 Korb 2 Pf., Schmalz: 1 Pfd. 1 Pf., Schnecken: 1 Gefäss 2 Pf., Schnepfe:

1 St. 3 Pf., Tauben: 1 St. 1 Pf., Taubenfutter: 1 Säckchen 1 Pf., Vögel: 1 grosser Korb 12 Pf., 1 kl. Korb 6 Pf., Weintrauben: ebenso, Wildente: 1 St. 2 Pf., Wildschwein: 1 St. 18 Pf., Wildtaube 1 St. 1 Pf., Zwiebel: 1 gr. Korb 4 Pf., 1 kl. Korb 2 Pf.

Alle in diesem sonderbaren Tarif bezeichneten Gegenstände sind zu versteuern, sobald sie in das Stadtgebiet gebracht werden, auch wenn sie nicht auf dem Markt feilgehalten werden, es sei denn, dass sie vorher schriftlich bestellt sind.

Es sind gar nicht so unbeträchtliche Summen, die in dieser Weise zusammenkommen. So hatte 1894 der Lebensmittelmarkt in München eine Bruttoeinnahme von 186,218 M., der ein Reinertrag von 134,003 M. entsprach, Augsburg erzielte brutto 18,958 M., Bamberg 15,881 M., Fürth 12,462 M.

Obwohl es unzweifelhaft ist, dass die Marktgebühren eher eine Verkehrsbesteuerung als eine „Gebühr" sind, und dass ein beträchtlicher Teil dieser Einnahmen auf dem Konsum ruht, so lässt sich doch die Grösse der hierauf entfallenden Quote kaum mit einiger Sicherheit berechnen. Wenn daher weiter unten die Gesamtheit der Verbrauchssteuern besprochen wird, so wird diese Gebühr weiter nicht zu berücksichtigen sein.

Schliesslich ist noch zu erwähnen, dass in Augsburg auch ein Aufschlag auf Gips, Kalk, Cement, Floss- und Nutzholz existiert, der, streng genommen, zum Teil ebenfalls den Verbrauchssteuern zuzurechnen ist. Er trug 1894 23,936 M. In Würzburg erhebt man einen Kaffeeaccis (1894 225 M.), einen Holzzoll (1894 3398 M.) und einen Gänse- und Krautzoll (1894 2,40 bezw. 111,33 M.).

Diese geringfügigen Steuern bieten jedoch wenig Interesse.

5. Die Verbrauchssteuern im Verhältnis zum Gesamtbedarf und zu den übrigen Steuern.

In den vorausgehenden Kapiteln ist festgestellt worden, welche Teile der städtischen Einkünfte de facto als Verbrauchssteuern zu betrachten sind. Die Untersuchung hat folgendes ergeben:

In München bildeten 1894 die eigentlichen offiziellen Verbrauchssteuern (Malz- und Bier-, Fleisch-, Getreide- und Mehlaufschlag, Getreidezoll) zusammen ca. $^1/_4$ des Ertrags der eigentlichen Steuern inkl. Heimats- und Bürgerrechtsgebühren und Pflasterzoll. Die wirkliche Verbrauchsbesteuerung ist weit stärker, da zu diesem Viertel noch diejenigen Quoten der Einnahmen aus der Schranne, dem Schlacht- und Viehhof und dem Pflasterzoll hinzuzurechnen sind, denen oben die Eigenschaft der Verbrauchssteuer vindiziert wurde. Anderseits muss aber dann auch der Gesamtsteuerertrag um einen entsprechenden Teil höher angesetzt werden. Jene Quote war 1894 bei der Schrannengebühr 206,043 M., beim Schlacht- und Viehhof 179,889 M., beim Pflasterzoll 477,751 M., in Summa 1,163,683 M. Verbrauchssteuern und Gesamtsteuer verhielten sich demnach in München 1894 wie M. 3,354,402 : 9,144,621 = 36,7 % oder 8,53 M. pro Kopf der Bevölkerung. Eine Konsumbelastung von ähnlicher oder grösserer Höhe findet sich ausser Bayern im Deutschen Reich nur in Elsass-Lothringen und Rheinhessen. In diesen — übrigens reicheren — Ländern ist aber die Last auf eine viel grössere Anzahl von Gegenständen und wesentlich anders verteilt, insbesondere sind die notwendigsten Lebensmittel mehr geschont.

Auf dieselbe Weise berechnet ergibt sich (ohne Hundesteuer) ein Verhältnis zwischen Verbrauchs- und Gesamtbesteuerung

für Nürnberg wie 996,538 : 3,042,183 = 32,75 % oder 6,37 M. p. K. d. B.
„ Augsburg „ 563,115 : 1,605,943 = 35 „ „ 6,95 „ „ „ „ „
„ Würzburg „ 438,607 : 935,993 = 47 „ „ 6,53 „ „ „ „ „
„ Fürth „ 176,169 : 681,859 = 26 „ „ 3,83 „ „ „ „ „
„ Regensburg „ 261,195 : 680,674 = 38,4 „ „ 6,40 „ „ „ „ „
„ Bamberg „ 144,319 : 497,047 = 29 „ „ 3,70 „ „ „ „ „

Die Verbrauchsbesteuerung trägt also durchschnittlich mehr als $^1/_3$ zu den Kosten des Gemeindehaushalts bei. Dieses Drittel setzt sich meist wieder zum grösseren Teil aus einer Steuer auf Brotfrüchte und Fleisch, zum geringeren aus Getränkesteuern zusammen. Wie wir nun bei der Spezialuntersuchung gesehen haben, wächst dieser Ertrag infolge des Rückgangs des relativen Konsums aller Steuerobjekte nicht nur nicht im Verhältnis zur Bevölkerungszunahme, sondern ist auch in einigen Städten gefallen. Es wurde darauf hingewiesen, dass eine Steuer, die einen sinkenden Konsum trifft, den Fall zu beschleunigen im stande ist, während im Gegenteil eine Entlastung entschieden zur Hebung beitragen könnte. Es unterliegt ferner keinem Zweifel, dass der Rückgang im relativen Konsum notwendiger Nahrungsmittel als volkswirtschaftlich schädlich und zumal bei sinkenden Preisen als Zeichen allgemeiner Depression anerkannt werden muss.

Trotz dieser misslichen Umstände ist der Finanzbedarf der Städte im Steigen begriffen, denn sie wachsen nach allen Richtungen an Fläche und an Bewohnerzahl, gleichzeitig vermehren sich die Erkenntnis der Wichtigkeit moderner Hygieine, das Begehren nach Verbesserung der Verkehrs- und Beleuchtungsmittel, nach Verschönerung, kurz die kulturellen Ansprüche. Die Sozialgesetzgebung der neuesten Zeit hat mit den Aufgaben des Staats auch die der Städte erweitert; speziell in Bayern wird ein neues Heimatsrecht ihnen voraussichtlich neue Lasten aufbürden. — Aber diesem wachsenden Bedarf steht ein total ungenügendes Steuersystem gegenüber. Die Verbrauchsbesteuerung ist an der Grenze ihrer Leistungsfähigkeit angelangt. Der Reichtum der Stadtbewohner wächst nicht mit ihrer Zahl. Trotzdem werden gerade durch die Vermehrung der Bevölkerung, die doch hauptsächlich zur Ausgabenerhöhung Veranlassung gibt, ja direkt durch die Ausgaben der Städte selber Jahr für Jahr in den grösseren Städten immense Werte geschaffen. Diese aber sind in den Händen weniger, speziell der Grundbesitzer. Welche Ausdehnung das „betterment" der Grundstücke und Gebäude in aufstrebenden Städten hat, ist jedem aus Beispielen genügsam bekannt.

Von dem Grundsatze ausgehend, dass, wer den Vorteil habe, auch Lasten tragen könne, sucht man anderwärts dieser Quelle müheloser Vermögensmehrung durch Steuern beizukommen. In Bayern soll der Ansässige dieser Pflicht durch das Mittel der „Umlagen" nachkommen, welche das Hauptelement der städtischen

Finanzen bilden, aber den Aufgaben direkter Gemeindesteuern höchst unvollkommen entsprechen.

Die Gemeindeumlagen sind Prozentsätze der direkten Staatssteuern, welche, ähnlich den französischen centimes additionells alljährlich nach Massgabe des Bedarfs zu Gunsten der Gemeinde „umgelegt" werden. In dem Masse, in welchem bei den Verbrauchssteuern die Bewegung nach oben gehemmt wird durch Umstände, welche von der Verwaltung nicht beeinflusst werden, muss die sliding scale der Umlagen nach oben rücken, um eine Ausfüllung der stets sich erweiternden Lücke des Budgets zu ermöglichen, da die anderen Steuereinnahmen zu gering, die Einkünfte aus dem Gemeindevermögen nicht vermehrbar sind. So ist es gekommen, dass der Prozentsatz der Umlagen seit vielen Jahren steigt und eine Höhe erreicht hat, von der sich die Gemeindeordnung von 1869 gewiss nichts hatte träumen lassen[1]).

Es kamen zur Erhebung % der Staatssteuern:

	1884	1885	1886	1887	1888	1889	1890	1891	1892	1893	1894	1895
München	95	100	100	100	100	110	110	110	110	110	110	110
Nürnberg	80	80	85	85	100	100	110	100	110	110	110	110
Augsburg	75	75	75	75	75	75	80	80	90	90	90	90
Würzburg	70	70	70	70	70	70	70	70	70	70	70	70
Fürth	80	90	85	85	85	95	95	100	100	100	105	105
Regensburg	95	95	95	95	95	95	100	100	100	100	100	100
(Gem. u. Schulkasse)												
Bamberg	68	72	72	72	80	80	80	80	85	90	90	90

Tab. XXVI.

Aus Tröltsch, Beiträge zur Finanzgeschichte Münchens im 19. Jahrhundert, Finanzarchiv X, S. 156.

Der Kopf der Bevölkerung trug in München	1875	1877	1880	1882	1885	1887	1891
an Lokalmalzaufschlag . .	5,26	5,02	4,59	4,60	4,74	5,10	4,33
„ Fleisch- und Wildbretaufschlag	0,85	0,87	0,77	0,82	0,77	0,78	0,73
„ Mehl- u. Getreideaufschlag	1,11	1,28	1,16	1,16	1,05	1,06	0,97
zus. an indirekten Steuern .	7,22	7,17	6,42	6,58	6,56	6,94	6,03
„ „ direkten „ .	5,26	8,27	10,26	10,58	11,31	11,33	12,46
Gesamte Steuerlast	12,48	15,44	16,68	17,16	17,87	18,27	18,49

---

[1]) Hierzu sagt Tröltsch (Finanzarchiv, X, S. 156): „... Der Münchener Haushalt zeigt also das gleiche mit der Entwicklung des Gemeinwesens seit 1869 eng verbundene Symptom, das allerwärts in Bayern die Städte aufweisen. Während früher unter der Ungunst der Gesetzgebung die Verbrauchsbesteuerung in den Städten weit überwog, hat diese, kaum irgendwo der Steigerung fähig, der direkten Besteuerung Platz gemacht." Ferner S. 157: „Daneben aber zeigt sich die auffallende Thatsache, dass die Konsumsteuern auch relativ unergiebig geworden sind. Ob dies den unvermeidlichen Fehlern einer derartigen Durchschnittsberechnung mit der Fiktion einer mittleren Bevölkerung bezw. Konsumentenzahl zuzuschreiben ist, oder ob insbesondere die successive Abnahme des Fleisch- und Getreideaufschlags auf die Wirkungen der langjährigen Wirtschaftskrisis und auf das Wachstum des Proletariats zurück-

Dem Gesetze entsprechend wären diejenigen umlagepflichtig, „welche in der Gemeinde mit einer direkten Steuer angelegt sind, auch wenn sie nicht im Gemeindebezirk wohnen"[1]). Der Verwaltungsgerichtshof verursacht aber durch seine Rechtsprechung, die bewusst vom Wortlaut des Gesetzes abweicht, eine andere Praxis der Besteuerung. Er stellt nämlich den Grundsatz auf: „Die Verpflichtung zur Zahlung von Gemeindeumlagen wird nicht schon durch die Thatsache der Steueranlage in der Gemeinde begründet, sondern setzt vielmehr eine durch Wohnsitz oder Realbesitz (einschliesslich gewerblicher Einrichtungen) des Besteuerten im Gemeindebezirk geschaffene, vermittelst der Steueranlage nur ziffermässig zum Ausdruck gebrachte persönliche oder sachliche Beziehung desselben zur Gemeinde voraus." Infolge dieser Abweichung, die hier nicht weiter zu kritisieren ist, ferner wegen einiger anderer Ausnahmen von der Steuerpflicht ergibt sich eine kleine Differenz zwischen der Gemeindeumlage und dem wirklichen Prozentsatz der Staatssteuer. Dies nur der Vollständigkeit halber; praktisch sind die Unterschiede zu unbedeutend, um das Urteil über das Umlagesystem zu alterieren. Man kann ruhig sagen: Die Umlagen sind ein einfacher Zuschlag der Staatssteuern. Sie teilen daher alle Nachteile, welche den bayrischen Staatssteuern als solchen innewohnen; aber selbst wenn diese an und für sich ganz einwandfrei wären, so würden sie als Kommunalsteuern noch lange nicht zweckmässig sein, weil die lokale Besteuerung auf ganz anderen Grundsätzen beruhen muss als die Staatsbesteuerung. Wenn daher letztere fehlerhaft ist, so werden ihre Schäden durch ihre Verwendung förmlich unter die Lupe und das Prisma gelegt, sie werden nach Umfang und Zahl ausgedehnt, es sei denn, dass etwas, was bei der Staatssteuer zu tadeln ist, bei einer Kommunalsteuer zu loben wäre und so wenigstens für diese ein Ausgleich geschaffen würde. Dieser glückliche Zufall ist aber in Bayern nicht zu konstatieren.

Eine Betrachtung der Umlagen hat sie also in erster Reihe als Staats-, in zweiter als Kommunalsteuern zu umfassen.

Bekanntlich haben wir zur Zeit in Bayern ein Ertragssteuersystem, bestehend aus Grund-, Haus-, Gewerbe-, Kapitalrenten- und Einkommensteuer. Die Zahl der Vorwürfe, welche seit langer Zeit diesem System gemacht werden, ist Legion. Sie sind auch von massgebender Stelle als berechtigt anerkannt worden. Wir würden nur referieren, wenn wir sie hier eingehend behandeln wollten. Soweit aber die Fehler in den Städten besonders prägnant auftreten, können wir eine kurze Kritik nicht vermeiden.

Die Grundsteuer wurde im Jahre 1828 eingeführt und nach Fläche und „Bonität" der Grundstücke ein für allemal relativ festgelegt. Nur die Zahl der Simpla kann wechseln, aber auch diese ist seit langem nicht verändert worden.

---

zuführen ist, wagen wir nicht zu entscheiden. Für ein abschliessendes Urteil wären die Konsumzahlen aus einer Reihe rasch wachsender Städte notwendig."

Der Verfasser hat sich auf Grund des vorliegenden grösseren Materials erlaubt, der Entscheidung dieser Frage im letzteren Sinne zuzustimmen.

Für das Verhältnis zwischen indirekter und direkter Besteuerung gibt Tröltsch auch zahlenmässige Belege, welche von unseren Resultaten abweichen, weil sie nur die offiziellen „Aufschläge" berücksichtigen (s. Tab. XXVI, S. 41).

[1]) Seydel, IV, S. 524.

Alle Flächen, welche von städtischen Gebäuden bestanden sind[1]), werden der höchsten Bonitätsklasse zugerechnet. Trotzdem brachte die Grundsteuer in der grossen Stadt München bis zum Jahr 1890 jährlich nur 8—9000 M.; seitdem ist sie infolge der Einverleibungen auf über 11,000 M. (1894 11,357 M. Staatssteuer) gestiegen und bildet jetzt etwa $^1/_8\,^0/_0$ der oben berechneten Gesamtsteuereinnahme der Stadt. Diese lächerlich geringe Zahl spricht beredter gegen die heutige Grundsteuer als es Worte könnten. Welch ein Verhältnis zwischen Ertragswert und Ertragsbesteuerung! Der eine ist seit 1828 häufig um das 10fache, 100fache und mehr gestiegen, die andere ist gleich geblieben. Eine wirtschaftliche Umwälzung hat diese Steuer nicht geändert.

In Nürnberg waren es 1894 gar nur 2052 M.

Der Ertrag der Grundsteuer in den anderen Städten ist verhältnismässig grösser, weil ihre Fläche nicht so dicht bevölkert ist als die Münchens und Nürnbergs, aber dennoch besteht noch ein scharfer Kontrast zum Grundwert. In Augsburg erhob man 1894 5774 M., in Würzburg 6377 M., in Fürth 1909 M., in Regensburg 5701 M., in Bamberg 1764 M. — Diese Steuer ist ganz gewiss nicht im stande die Vermehrung der Grundstückswerte in den Städten zu treffen und darum ist sie als Kommunalsteuer in ihrer jetzigen Gestalt nicht brauchbar.

An ähnlichen Mängeln leidet die Haussteuer. Wo diese nicht Arealsteuer ist — ein Fall, der in den Städten nur ganz ausnahmsweise eintritt — wird der Mietsertrag zum Massstab ihrer Höhe genommen. Von diesem Ertrag werden z. Z. 3,85% an den Fiskus abgeführt. Durch das Gesetz vom 19. Mai 1881, das ja im ganzen System Aenderungen brachte, wurde bestimmt, dass die Haussteuer von 10 zu 10 Jahren neu eingeschätzt werden könne. Obgleich nunmehr seit der ersten Einschätzung fast 15 Jahre verflossen sind, hat in den meisten Städten keine Neuanlage stattgefunden; die Vermehrung des Ertrags, welche inzwischen dennoch eingetreten ist, stammt aus den vielen Neubauten. Es bedarf keines Beweises, dass in grösseren Städten, besonders in günstigen Geschäftsgegenden, die Häuserrenten von Jahr zu Jahr steigen. So wurden im November 1890 in München umfassende Erhebungen über die Wohnverhältnisse angestellt; danach gab es damals dort gegen 11,000 bewohnte Anwesen, welche 82,818 Wohnungen enthielten. Man berechnete den Mietsertrag derselben auf 33,957,613 M., wobei die sehr bedeutenden Ladenmieten ausser Anschlag blieben. Die Steuer trug 1890 im ganzen 1,402,013 M. Bei dem Steuersatz von 3,85% hätten aber für die Wohnungen allein 1,307,368 M. bezahlt werden müssen, so dass der erzielte Ertrag sicher zu niedrig war. In den seitdem vergangenen 5—6 Jahren kann sich das Missverhältnis nur schärfer gestaltet haben. Ueber das Ergebnis der Haussteuerrevision in Augsburg äusserte sich der Abgeordnete v. Fischer in der Sitzung der Abgeordnetenkammer vom 22. Mai 1894 folgendermassen:

„Ich habe gehört, dass der Herr Kollege Schwarz z. B. beklagt hat, dass das bisherige Haussteuergesetz eine zu seltene Revision der Hausbesteue-

---

[1]) Eigentlich hat die Grundsteuer von überbautem Boden mit einer wirklichen Grundsteuer nur den Namen gemein, denn der Ertrag steckt im Mietswert des Gebäudes und wird mit der Haussteuer nochmals getroffen; es existiert also eine rohe Doppelbesteuerung, die im Grunde nichts anderes ist als eine Mietssteuer.

rung anordne; er hat sich darüber beschwert, dass zu lange Zeit die alten Steuerfestsetzungen in Kraft bleiben und die einmal festgesetzten Steuern erhoben werden. Ich bin der Ansicht, dass das, was man dem Steuergesetze zum Vorwurf gemacht hat, eigentlich von den beteiligten Steuerpflichtigen als ein Vorzug betrachtet werden muss; denn nach meiner Erfahrung führt jede Revision der Haussteuerumlage zu einer Erhöhung der Steuer. Man hat... einmal in Augsburg in dieser Beziehung praktische Erfahrungen gemacht. Die Gemeindebevollmächtigten haben eine Revision der Haussteuer gefordert; der Magistrat hat eindringlich gewarnt und hat darauf hingewiesen, dass in Nürnberg die Gemeindebevollmächtigten in sich gegangen und die Forderung noch rechtzeitig zurückgezogen haben. In Augsburg wollte man klüger sein; man hat darauf bestanden, eine Revision müsste vorgenommen werden. Ich rede nicht von den Unbequemlichkeiten der Revision. Sie ist vorgenommen worden, aber sie hat zu einer wesentlichen Erhöhung der Haussteuer allüberall geführt, und hinterher haben die Gemeindebevollmächtigten zu spät eingesehen, dass ihre Rechthaberei sehr übel am Platze war." Dieses Beispiel zeigt sehr klar, wie schädlich hier die Verquickung von Staats- und Kommunalsteuer wirkt. Denn die Revision, welche man im Interesse der angemessenen Kommunalbesteuerung der Grundbesitzer erstreben müsste und unter anderen Verhältnissen auch erstreben würde, werden die Gemeinden auf Grund solcher Erfahrungen hintanzuhalten suchen, wenn sie daraus eine Mehrbelastung der Stadt zu Gunsten der Staatskasse befürchten müssen.

Es würde zu weit führen, hier ausser auf die Schwerfälligkeit der staatlichen Anlage auch noch genauer auf andere Fehler dieser Steuer einzugehen, so z. B. auf die höchst ungerechte Belastung der mit Hypotheken beschwerten Besitztümer.

So brauchbar die Haussteuer für die kommunalen Zwecke allein wäre, so wenig kann sie rationell genannt werden, solange sie nebenbei Staatssteuer ist. In Preussen hat man sie denn auch den Kommunen überwiesen. Sicher ist sie für diese kleineren Gemeinwesen mutatis mutandis geeigneter als für einen grossen Staat, denn einmal ist in kleineren Bezirken eine Revision viel leichter und kann daher häufiger vorgenommen werden, anderseits lässt sich Betrag und Erhebungsweise den sozusagen individuellen Verhältnissen einer bestimmten Stadt leichter anpassen als den so mannigfaltigen eines Landes[1]).

Die Gewerbesteuer wird nach einem gesetzlichen Tarif vom 19. Mai 1881 berechnet (Kombination von Normal- und Betriebsanlage). Bei der unendlichen Vielfältigkeit der Gewerbe, dem Uebergehen des einen Gewerbes ins andere, bei der grossen Verschiedenheit des Verhältnisses der Betriebsgrösse zum Gewinn und bei dem Wechsel der gewerblichen Konjunkturen kann diese Ertragssteuer mit ihrem steifen, obwohl sehr eingehend kasuistischen Tarif ihren Zweck nur mangelhaft erfüllen. Als Kommunalsteuer vollends kann sie nicht wohl allgemein gerecht sein, weil, abgesehen von den erwähnten Fehlern, unmöglich für ein ganzes Land eine Norm für die Berechnung der Vorteile auf-

---

[1]) Die Frage der Ueberwälzung auf die Mieter kann hier nicht untersucht werden, doch ist es wahrscheinlich, dass wenigstens ein Teil der Steuer von denselben getragen wird, besonders bei kleinen Wohnungen. S. a. Leroy-Beaulieu, Traité, I, 738/39.

gestellt werden kann, welche die Gewerbebetriebe aus den kommunalen Aufwendungen ziehen.

Die Kapitalrente ist in Bayern mit einer progressiven Steuer von 1 $\frac{1}{2}$ bis 3 $\frac{1}{2}$ % belegt. In der Reihe der Ertragssteuern ein notwendiges Glied, steht und fällt sie mit dem ganzen System. Das gleiche gilt von der Einkommensteuer, die lediglich eine Ergänzungssteuer ist und diejenigen Einkünfte treffen soll, die den anderen Ertragssteuern entrinnen, aber schon die niedrigsten Einkünfte aus Lohnarbeit mit Sätzen bis zu 60 Pf. herunter umfasst. Wodurch die beiden Steuern zur Rolle von Kommunalsteuern befähigt werden, ist unfassbar.

Die Unzweckmässigkeit des ganzen Systems, welches darauf hinausläuft, dass Leute, die der Gemeinde eigentlich ganz fern stehen, mit ihrer ganzen Leistungsfähigkeit zur Steuertragung herangezogen werden, während die unmittelbar Beteiligten im Verhältnis viel zu gut wegkommen, wird am besten durch die Worte charakterisiert, die der bayrische Finanzminister in der Sitzung der Abgeordnetenkammer vom 21. Mai 1894 sprach: „Ich glaube, dass wir mit der gegenwärtigen Umlagengesetzgebung kaum fortmachen könnten. Man müsste in dieser Beziehung eine Aenderung eintreten lassen, da zur Zeit der Grundsatz gilt, dass jeder ohne Rücksicht auf die Einnahmsquellen zu allen Umlagen mit seinem ganzen Steuersoll beitragen muss. Das lässt sich jetzt noch bei unseren mässigen Steuersätzen ertragen. Später aber würde diese Vorschrift derart drückend, dass sie kaum aufrecht erhalten werden könnte. Denn das können wir doch nicht leugnen, dass z. B. ein Kapitalist oder ein Beamter, der kein Haus besitzt, sondern nur in der Gemeinde wohnt, an vielen gemeindlichen Unternehmungen nicht in dem Masse beteiligt ist, wie der Hausbesitzer, der Grundbesitzer oder Gewerbetreibende."

Die ganze vorstehende Betrachtung ergibt, dass in den grossen Kommunen Bayerns ein Drittel, oft auch ein höherer Bruchteil der Steuern auf dem Konsum ruht, und dass es vorzugsweise der Verbrauch der unteren Klassen ist, welcher diese Last trägt. Ein anderer Hauptteil wird durch die Gemeindeumlagen gedeckt, welche alle denkbaren Unbilligkeiten in sich vereinigen.

Je nach dem Standpunkt nun, welchen der Kritiker einnimmt, wird sich der theoretische Massstab, den er an diese Verhältnisse anlegt, verändern.

Bekanntlich stehen sich in der Lehre von der Gemeindebesteuerung, abgesehen von den Ansichten über Zuschläge und Oktrois überhaupt, zwei Hauptmeinungen gegenüber. Die erste, ältere, will auch in der Gemeinde das Prinzip der Besteuerung nach der Leistungsfähigkeit hauptsächlich anwenden, während die zweite, jüngere, unter gebührender Berücksichtigung der Leistungsfähigkeit den Satz aufstellte, dass die Steuerleistung des Gemeindebewohners in einem gewissen Verhältnis zu der Gegenleistung stehen müsse, welche er von dem Gemeinwesen selbst empfange.

Dieses letztere Prinzip — zu tiefergehenden theoretischen Begründungen ist hier wohl kaum der Ort — ist in der letzten Zeit in der Theorie fast zur Alleinherrschaft gelangt. Das grösste Gesetzgebungswerk in unserer Materie, das preussische Kommunalabgabengesetz von 1893, hat es als massgebenden Gesichtspunkt adoptiert und nicht verfehlt, seinen Standpunkt ausführlich zu begründen.

Auch in Bayern kam es bei der Einführung der Gemeindeordnung in Anregung, diese theoretische Frage zu berücksichtigen. Die Regierung ging davon aus[1], „dass die Gemeindeanstalten allen Gemeindeangehörigen mehr oder minder zu gute kommen und eine Ausscheidung der Beitragspflicht der einzelnen Gemeindeangehörigen nach dem Grad der jeweiligen Benützung der Gemeindeanstalten unmöglich sei". Dagegen vertrat der Referent eine andere Meinung. Hierüber sagt Tröltsch S. 110 folgendes: „Dem Grundgedanken des Regierungsentwurfs, dass die Leistungsfähigkeit aller Gemeindeangehörigen die Basis der direkten Gemeindebesteuerung bilden solle, trat, während die Zweite Kammer sich diesem Prinzip zugeneigt zeigte, in der Ersten Kammer der Referent mit grosser Entschiedenheit, aber wenig Glück entgegen. Mit Bezugnahme auf die Anschauungen der Freihandelsschule und die gesetzgeberische Gestaltung der Kommunalbesteuerung in anderen Staaten bezeichnete er die Aufgaben der Gemeinde als wesentlich „genossenschaftliche" und wollte hiernach grundsätzlich eine Besteuerung der Gemeindeangehörigen nur nach Massgabe der Vorteile, wobei er nicht nur die Schwierigkeit einer wirklichen Ausscheidung der Gemeindeaufgaben nach diesem Gesichtspunkte leugnete, sondern auch selbst versuchte, den von ihm verfochtenen Grundsatz in Rechtsnormen zum Ausdruck zu bringen. Indessen eben durch seine Teilung der Gemeindefunktionen bewies er, mit wie berechtigten Gründen die Regierung und die überwiegende Mehrzahl der Volksvertreter solcher Kasuistik gegenüberstanden. Ueber allgemeine Phrasen und willkürliche Trennungen kam er nicht hinaus. Alles hing an der Deutung des Wortes „Vorteil", zu welcher gerade er selbst nichts beitrug. Die Umwälzung des gesamten Etats- und Rechnungswesens, die unabsehbare Verwicklung der Gemeinden in Einzelprozesse, die Vergiftung des Gemeindelebens durch die mit dem Vorteilsmassstab gesäte Zwietracht, wäre die schnelle Folge der Annahme dieses Systems gewesen. Dabei mag man dem Referenten die theoretische Berechtigung einer weitergehenden Berücksichtigung des Vorteils, den die einzelnen Gemeindezwecke boten, zugestehen. Hier aber stand die praktische Durchführung des Gedankens in Frage, und diese gab für das Schicksal des Antrags den Ausschlag."

Die Anträge des Referenten wurden im Plenum des Reichsrats auf Betreiben der Regierung abgelehnt.

Man scheint damals etwas über das Ziel hinausgeschossen zu haben, indem man einen scharfen Gegensatz zwischen beiden Grundanschauungen konstruierte, statt, wie es auch praktisch nicht so schwer durchführbar ist, jedem derselben sein Recht neben dem anderen einzuräumen, und indem man statt einer Ausführung in grossen Zügen eine kleinlich ängstliche Abwägung von Leistung und Gegenleistung im Auge hatte.

Aber wie dem auch sei: wenn die Regierung das Prinzip der Besteuerung nach der Leistungsfähigkeit auf den Schild erhob, so ist, wie man aus der vorstehenden Untersuchung schliessen kann, der Weg, den sie gewählt hat, um es praktisch durchzuführen, heute nicht mehr als der richtige zu bezeichnen. Es ist ganz unbestritten, dass die Umlagen, indem sie auf der Ertrags-

---

[1] Tröltsch S. 110.

besteuerung beruhen, keinen Anspruch mehr darauf machen können, den Besteuerten nach seiner subjektiven Steuerkraft zu treffen. Doch auch die Oktrois wirken, wie wir gesehen, eher im umgekehrten als im direkten Verhältnis zur Leistungsfähigkeit.

Aber auch der Forderung, dass Leistung gleich Gegenleistung sei, ist nicht im geringsten entsprochen. Die schwachen Anläufe dazu im Pflasterzoll und in den Gebühren für Benützung gemeindlicher Anlagen fallen wohl meist nicht zweckentsprechend aus, weil die Ueberwälzung, wie auch schon oben vorausgesetzt, ganz leicht ist. Aus den Oktrois lässt sich selbstverständlich eine solche Beziehung gar nicht folgern und, was die Ertragssteuern betrifft, so sind sie in ihrer Schwerfälligkeit ganz ungeeignet, die Vorteile zu treffen, welche Grundbesitz, Handel und Industrie aus dem Zusammenströmen der Menschenmassen nach einem Punkte ziehen.

Kurz, die ganze heutige Gemeindebesteuerung Bayerns entbehrt de facto der theoretischen Grundlage.

Diese Erkenntnis ist keineswegs neu. Bekanntlich ist die Reform der Staatssteuern in Bayern schon über ein Jahrzehnt der Gegenstand lebhafter Diskussion im Landtag und eingehender Arbeit der Regierung gewesen und ihre Verwirklichung steht jetzt in unmittelbarer Nähe. Bei diesen Erörterungen konnte man sich natürlich nicht der Einsicht verschliessen, dass das mit der Staatssteuer so innig zusammenhängende Gemeindesteuerwesen bei der Aenderung der ersteren gleichfalls in Mitleidenschaft gezogen werden müsste. Bezüglich der Umlagen hat diesem Gedanken der Abgeordnete v. Stauffenberg am 24. Oktober 1893 im Landtag folgendermassen Ausdruck gegeben [1]: „Eine Revision unserer direkten Staatssteuern ist nicht möglich, wenn Sie nicht das ganze System unserer Gemeindesteuern von Grund aus ändern. Solange Sie bei den Gemeindesteuern das Prinzip haben, dass sie nur durch Zuschlag zu den Staatssteuern gemacht werden können, werden Sie immer ein ungerechtes Gemeindesteuerprinzip haben und wenn Sie nicht den Gemeinden ganz bestimmte Intraden, unabhängig von den Staatssteuern, zuweisen, so wird es sehr schwer möglich, ja fast unmöglich sein, eine radikale Reform der Staatssteuern zu machen."

Dass bei diesen Aenderungen auch die Oktrois berücksichtigt werden müssten, darauf glauben wir durch die oben gegebenen Zahlen genügend hingewiesen zu haben. In welcher Weise jedoch diese Reformen zu treffen wären, lässt sich in dieser Kürze und von dieser Stelle aus nicht erörtern.

Es ist oben als wahrscheinlich vorausgesetzt worden, dass bei Abschaffung der Verbrauchsabgaben die Preise um den entsprechenden Betrag sinken würden. Der volkswirtschaftliche Pessimist wird sich dem kaum anschliessen, sondern behaupten, dass die Differenz im Zwischenhandel untergehen und lediglich diesem zu gute kommen würde. Wer recht hat, das könnte allein eine praktische Probe — vielleicht eine starke Erniedrigung bei einem oder dem anderen hoch besteuerten Gegenstand — in einer grösseren Stadt, verbunden mit sorgfältiger Beobachtung des Markts, beweisen.

Welche Wege die Reorganisation der bayrischen Gemeindefinanzen zu

---

[1] Sten. Ber. I. S. 268.

gehen hätte, das zu untersuchen müssen wir somit Berufeneren überlassen. Doch dürften hier die in Preussen gemachten Erfahrungen wertvolle Fingerzeige ergeben.

Der Lokalmalzaufschlag wäre wohl unter allen Umständen beizubehalten und könnte in manchen Orten noch leicht eine Erhöhung vertragen. Durch eine rationellere Ausnutzung der eventuell allein von den Gemeinden zu erhebenden Ertragssteuern, besonders Grund- und Haussteuer, könnte man vielleicht den durch die eventuelle Abschaffung der Brot- und Fleischbesteuerung entstehenden Ausfall mühelos decken und dabei den Forderungen der Theorie und einer gesunden Volkswirtschaft mehr entsprechen als bisher.

Wie sich der wirtschaftliche Charakter der grösseren Städte geändert hat, so kann auch die Besteuerung nicht stehen bleiben. Wenn überhaupt eine Reform eintreten soll, so darf der passende Zeitpunkt nicht versäumt werden.

Wie überall, so würde auch hier der Stillstand Rückschritt bedeuten.

Lebenslauf.

David Kaufmann, geboren am 1. Juni 1873 zu Bamberg als Sohn des Fabrikanten Moritz Kaufmann und dessen Ehefrau Antonie geb. Wassermann, mosaischer Konfession, besuchte vom 1. Oktober 1879 bis August 1882 das Lehr- und Erziehungsinstitut von Schneider und Scharnberger in Bamberg, vom Herbste 1882 bis zum Sommer 1890 das alte Gymnasium, von da bis zum Sommer 1891 das neue Gymnasium in Bamberg. Im Wintersemester 1891/92, sowie im Sommersemester 1892 war er am königl. Lyceum Bamberg, im Wintersemester 1892/93 an der Universität München, im Sommersemester 1893 an der Universität Heidelberg und vom Wintersemester 1893/94 bis zum Sommersemester 1895 an der Universität München als Studierender der Rechte immatrikuliert und trat nach Ablegung des theoretischen Staatsexamens (10. Juli 1895) am 13. August 1895 in die Vorbereitungspraxis für den höheren Justiz- und Verwaltungsdienst.